哆啦A夢

學習大進擊②

讀書心得生成器

【角色原作】藤子·F·不二雄
【審訂】日本國語作文教育研究所
所長．宮川俊彥

目標成為讀書心得名人！

今天的國語課要請大家上台發表上週的讀書心得作業，

不過，先跟大家說一個天大的好消息。

ザワ

えー

なんだ？

ザワ

ウト

ウト

※議論紛紛、打瞌睡　※好消息？　※咦？什麼？

大雄！不要打瞌睡，仔細聽課！
是、是對不起。
ガタ

※坐直

老師要說的好消息是，
出木杉同學寫的讀書心得，榮獲全國比賽的第一名。

好厲害喔，出木杉！
沒有啦！大家過獎了。
出木杉真是優秀，文筆又好！

出木杉品學兼優，什麼都會，是我學習的對象。
……
……

哼！我不會寫讀書心得，還不是活得好好的！

言歸正傳，大雄，你剛剛在打瞌睡，就從你開始發表讀書心得吧！
是、是的。

大雄的讀書心得不知道寫得怎樣，真是期待。

我讀的書是《魯賓遜漂流記》。

「書中描述主角魯賓遜在無人島生活了幾十年後，終於有人來救他，讓他得以回到自己的國家，真是太好了。」

報告完畢。
什麼？就這樣說完了？

※嘲笑
ゲラゲラゲラ
你寫的讀書心得也太差了吧！根本不明白那本書在寫什麼！

大雄，你真的讀完那本書了嗎？
對不起，我是跳著看的。

果然不出所料，大雄怎麼可能看完一本書。

大雄，你以自己的方式寫了這篇讀書心得，
但你還是要好好思考讀書心得的意義才行。
我知道了。

只要記住讀書心得的寫作技巧，任何人都能寫出精彩的文章哦！

告訴你們一個消息，學校已經決定從本月起固定舉辦讀書心得作文比賽。
えっ…

※什麼……

第一次的讀書心得交件期限是一週後。
第一屆 讀書心得作文比賽
えーっ
什麼！這麼快？
早すぎる～～

※哇！

※太快了吧！

反正最後一定是出木杉得第一名。
這太好猜了，出木杉絕對會贏。
出木杉，你要寫哪本書的讀書心得呢？

推薦圖書清單中，我還有兩本沒看過。我應該會從這兩本選一本來寫。

出木杉，我想請你教我怎麼寫才能寫出一篇好的讀書心得。
好啊，我們可以一起寫。
我們也來選自己要讀的書吧！

唉……
怎麼啦？怎麼突然嘆氣呢？

※哇！

快拿出可以提升讀書心得寫作能力的道具啦！
ゆっ
ダダッ…

※飛撲

哎呀！這篇讀書心得真的很糟糕。

大雄，你應該跟靜香一樣，請出木杉教你就好啦！
誰要他教！我才不稀罕！

書架上
幾乎全是漫畫，
但你知道
裡面有一本
很棒的書嗎？

這是
阿姨送的，
可是你從來
沒看過。

因為
這裡面全都是
我看不懂的字，
根本不想看。
只要
查字典
就好啦！
國語辭典

我不知道
要怎麼查
……

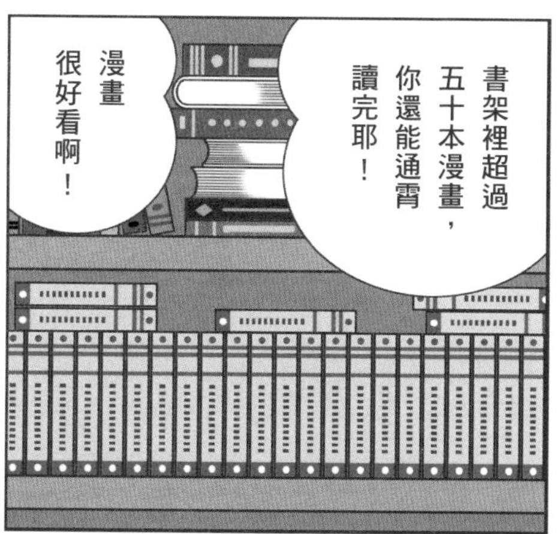
書架裡超過
五十本漫畫，
你還能通宵
讀完耶！
漫畫
很好看啊！

要是比賽指定的
書籍也跟漫畫
一樣好看
就好了。

對了，那項道具應該可以派上用場……

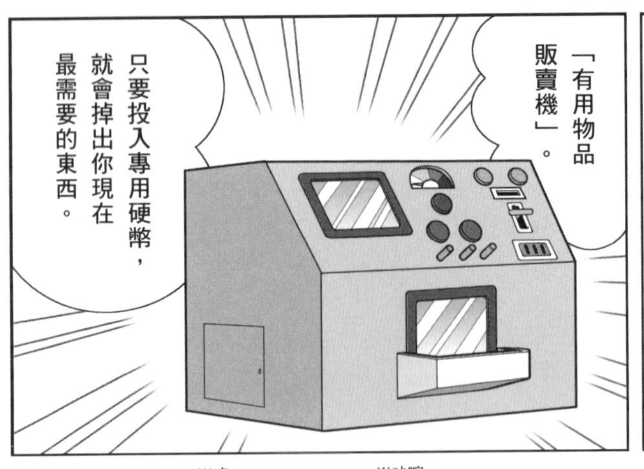
「有用物品販賣機」。
只要投入專用硬幣，就會掉出你現在最需要的東西。

投入硬幣……

※咔嚓
按下按鈕。

※咚
掉出一副卷軸。

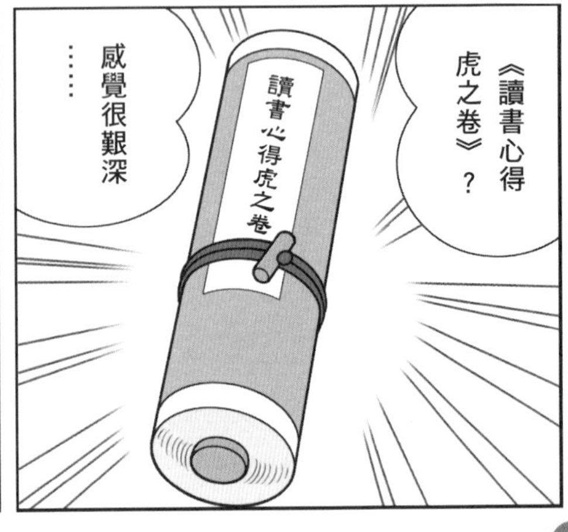
《讀書心得虎之卷》？
感覺很艱深……
讀書心得虎之卷

販賣機只會掉出大雄需要的東西，因此這副卷軸的內容應該不難……
※打開

你看，這副卷軸是以圖畫的方式解說讀書心得的寫法呢！
真的耶！
關於

「只要記住讀書心得的寫作技巧，任何人都能寫出精彩的文章哦！」
老師曾經在上課時也這麼說過。

不過，這副卷軸好長啊，內容好多……
這裡有目錄，可以了解卷軸的內容走向。
コロコロ…

※滾動

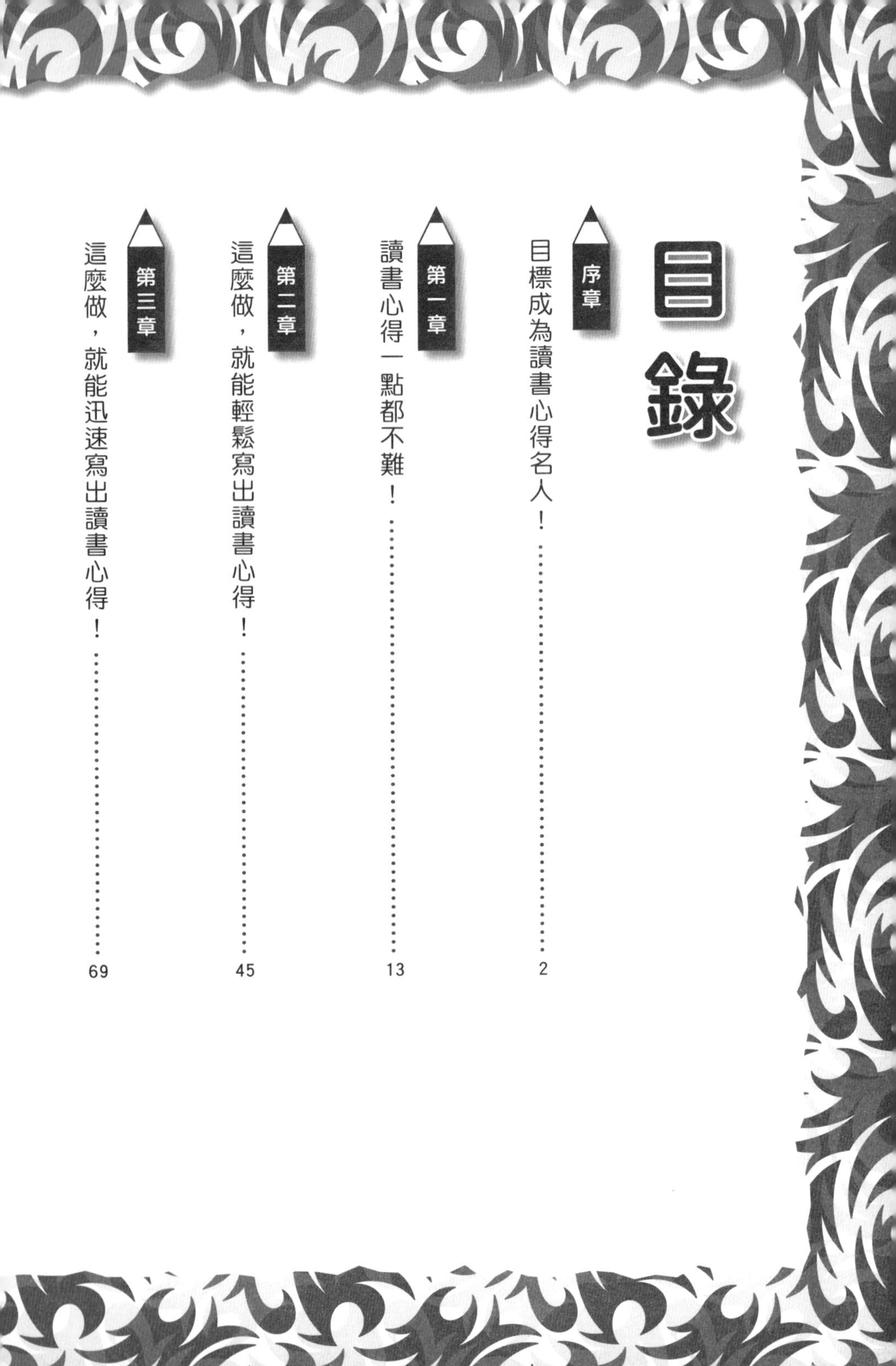

目錄

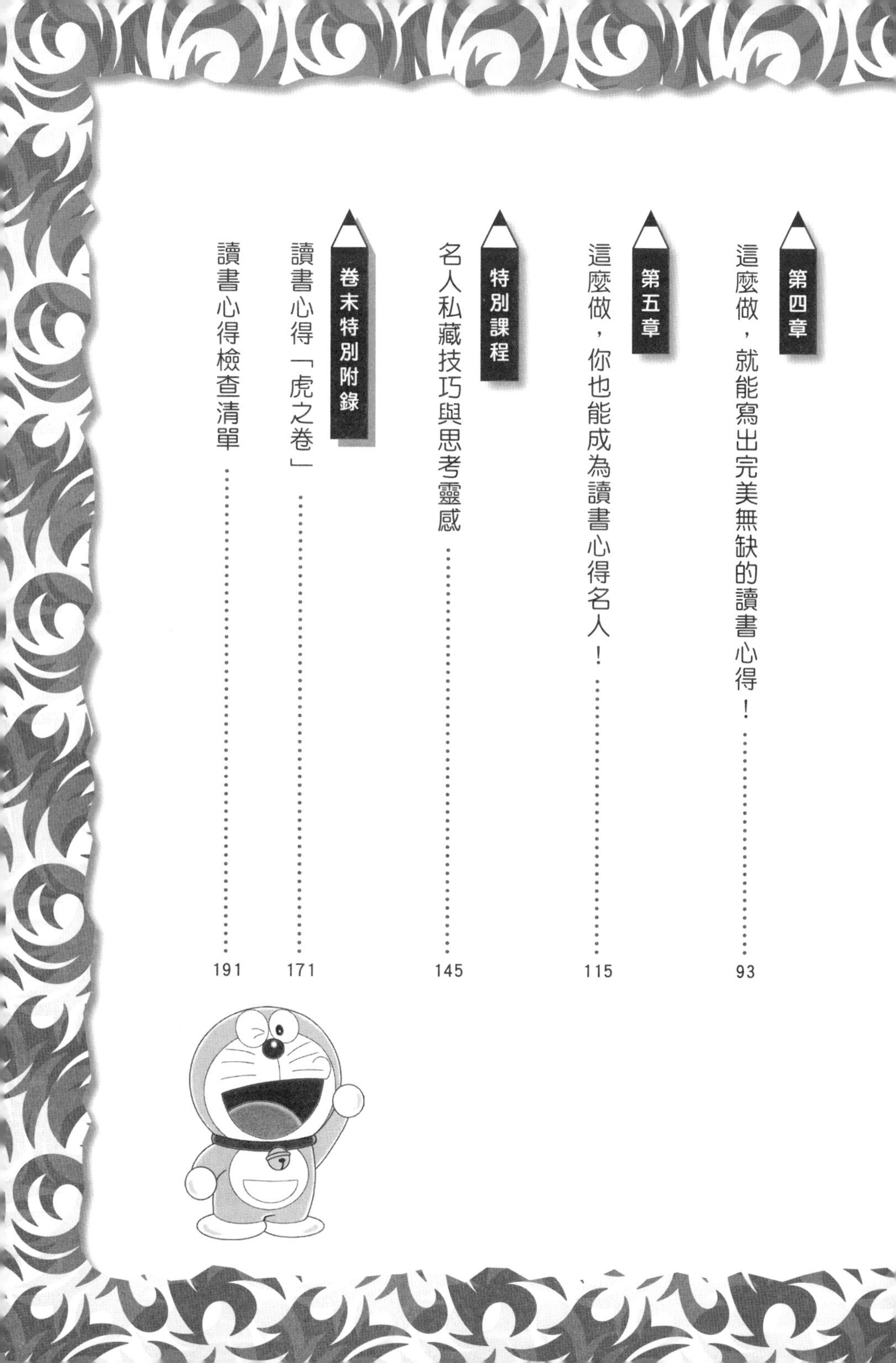

太棒了，這副卷軸依照書寫順序傳授讀書心得的寫作技巧。
有了它，我也會寫讀書心得了！

哆啦A夢，謝謝你。
我會好好學習，讓大家刮目相看！

對了，什麼時候要交讀書心得？
期限是一週後，還有時間。

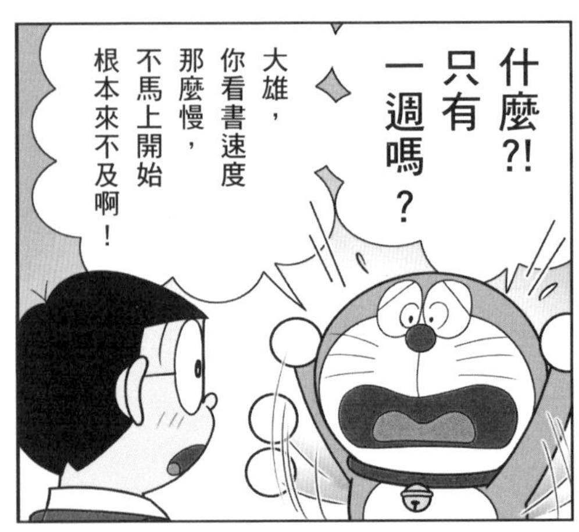
什麼?!只有一週嗎？
大雄，你看書速度那麼慢，不馬上開始根本來不及啊！

好，我要努力！
我一定要寫出讓大家眼睛一亮的讀書心得！
大雄，加油！

1 章節

第一章

讀書心得一點都不難！

胖虎，讀書心得你寫完了嗎？
當然，寫得很順利！
你們都讀什麼書啊？
呵啊

我讀的是《野球少年》。
真的很好看耶！
野球少年

我看的是《夏日大作戰》，
虛擬世界與家族羈絆真令人感動。
夏日大作戰
岩井恭平

我選的是《西方魔女之死》。
這本書讓我思考許多事情。
西方魔女之死
梨木香步

你思考了哪些事情呢？

這是祕密，等到比賽時就知道了。
說的也是，真好奇大家都寫了什麼樣的讀書心得，好想知道哦！

呵啊
大雄，你沒睡飽嗎？

剛剛上課的時候，也看你一直在打呵欠。
是啊，這幾天在看虎之卷，很晚才睡。

虎之卷？
呃，沒有啦，沒什麼。

是不是因為看不懂才沒睡飽？
還是寫不出讀書心得呢？
你們兩個！不要嘲笑大雄啦！

※什麼?!

エーーッ
老實說，
我還沒決定
要讀什麼書。

虎之卷是
什麼樣的書啊？
呃……
虎之卷
不是書……

你還沒決定？
明天就要交
讀書心得了耶！
來得及寫嗎？
嗯……
應該吧！

怎麼可能
來得及？
你連一本書都
看不完，
怎麼可能一天
就寫出讀書心得？

我寫得出來！

章節 1

我一定會寫出
讓大家感動的
讀書心得，
在比賽中得勝！

※啪

話說太快……

真有意思！
要是你沒得
第一名，
你知道
會怎樣吧？

※唉～

想也知道
大雄一定會
請哆啦A夢
幫忙。
はあ～…
真的
沒問題嗎？

什麼，
要得第一名？

你真的是
死性不改、
始終如一耶！
每次
都說大話！

我已經在反省了。
算了，說出去的話也收不回來。

既然如此，那就寫一篇真的能令人刮目相看的讀書心得吧！

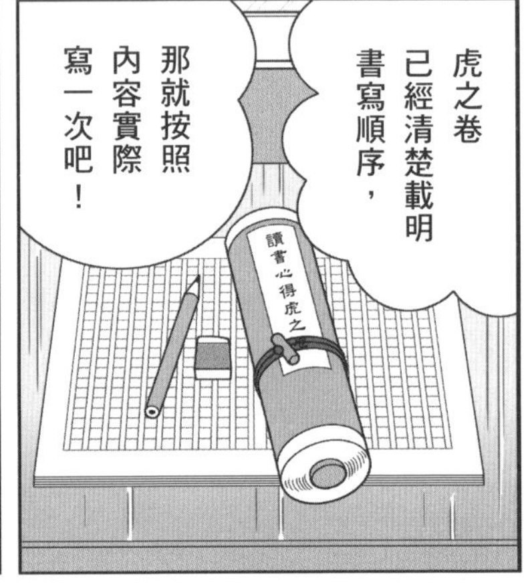
虎之卷已經清楚載明書寫順序，
那就按照內容實際寫一次吧！
讀書心得虎之

書架裡有三本書在這次的推薦書單裡。

《日本蜆的餐桌》、
《小丑醫生K醬出動》、
以及《福爾摩斯探案》。
你想看哪一本？
日本蜆的餐桌
小丑醫生
K醬出動
福爾摩斯探案

總覺得每一本都好難哦！
真是的，說這種喪氣話，永遠都看不完一本書哦！

沒時間了，沒有時間了！
我知道啦！

一直在那邊講沒時間，吵死了！
你們好。

野比郎叔叔！
叔叔晒得好黑啊！
他昨天才從東南亞玩回來。

這是伴手禮。
謝謝叔叔。

你們兩個剛剛是不是在吵架啊？
發生什麼事了？

我們學校舉辦了讀書心得作文比賽……
福爾摩斯探案

原來是這樣……你還沒決定要讀什麼書嗎？
還沒……我也不知道該怎麼讀才好……

大雄，根本不需要煩惱這種事。
讀書沒有制式方法，完全看自己怎麼做，是個人自由。
個人自由？

對，個人自由。
最近有越來越多人，凡事都要求「正確」做法，
但書籍的世界沒有「正確」，也沒有「錯誤」。
咦？什麼意思？

讓我舉個例子，我們常說「那個人是對的」，「這個垃圾要這麼丟才是正確的」……
可是，電力……
反對核電！
思考人民與國家方向的人們，他們的意見是否正確？
我知道你是好意，但你做的方式是錯的！
即使你丟垃圾的方式是對的，但附近鄰居是否遵守規定呢？
資源回收
源回收
可燃垃圾
不可燃垃圾

主張「不該吵架，有紛爭就是錯的」、或是指責「別人的省錢方式是錯的」……

在不知道對方為什麼起爭執的情形下平息紛爭，只會使爭議擴大而已。你覺得這樣的做法對嗎？

雖然是想省錢，但為了買特價品，特地騎腳踏車到很遠的超市買一大堆特價品回家，這麼做是對的嗎？

B超市

世界上有許多人認為凡事「非黑即白」，沒有灰色地帶。

但事情沒有那麼簡單。
沒有人知道什麼是對的，什麼是錯的。

書籍的閱讀方法也一樣，沒有制式規定。
原來如此。

大雄，你閱讀一本書的時候，會不會在腦中想像各種畫面，或聯想書中場景？

會啊！會啊！

※嗯……

而且你還會若有所思，一會兒生氣，一會兒哭泣，感動不已，對吧？
ウ〜ン…
每個人感動的方式都不一樣，沒有規則可循。

此外，你可以從後記開始閱讀，也可以只看插圖。
好酷喔！
這段故事總是這麼有趣！
這句話對我很有幫助！
你也可以只看對自己有幫助的章節，或是反覆閱讀自己喜歡的橋段。

※滾、滾

唸出聲音也可以嗎？
沒問題。
躺在地上看書也可以嗎？
當然可以！
ゴロ
ゴロ
和同學好友一起閱讀，組成有趣的讀書會也很棒。
有些人喜歡一邊泡澡一邊看書。
聽起來像是靜香的習慣。
最棒的就是上廁所時看書了！

這麼說真的很自由耶！
就是說啊！

說實話，我以前也很討厭寫讀書心得。
哦？叔叔也是嗎？

※沙沙沙

不過，我唸小學的時候，導師說：「只要將自己想到的和感受到的事情寫下來就可以了。」
從此之後我就會寫了，還常一下筆就停不了。
哇，好棒哦！

大雄，雖然你現在還不知道該讀哪本書，但我旅行的時候，都會帶兩、三本書一起出國。

這次旅行我就帶了《福爾摩斯探案》，這本書我看了好多次。
福爾摩斯探案

如果時間不夠，不妨選一本經常閱讀的書，或是以前看過的書。

讀書心得可以寫以前看過的書嗎？
當然可以啊！

這麼說的話，這本《福爾摩斯探案》我已經看過了。
太好了！這本書也在推薦書單裡，現在就能寫讀書心得。

你們忙吧！我去找你媽媽聊天，有什麼不了解的地方，再來問我。
好。

我要開始寫囉！
大雄，加油！

※嘆氣
不行！突然要寫讀書心得，反而不知道該怎麼寫……

放輕鬆一點，只要寫下你想說的話，以及你的感受即可。
我不知道該怎麼將自己想說的話與感受寫出來。

試試直接寫下自己的意見吧！
什麼是「意見」？

嗯……就是……

※綜藝摔
還是請野比郎叔叔幫忙好了。

你想知道什麼是「意見」啊？

我來跟你分享我唸小學時，導師曾經對我說的話。

只要寫出「這就是我的想法」，就能表達你的意見。
什麼？這麼簡單嗎？

沒錯，直接寫出「自己的感覺」、「自己的想法」即可。
原來如此！直接寫出來啊。

這樣的話，我知道要怎麼寫了。

※握拳

好簡單啊！

叔叔，你幫我看看。
你已經寫好啦？

「這就是
我的想法。」
大雄，
你這麼寫還是
不清不楚耶。
大雄，
野比郎叔叔
不是這個意思，
你誤會了。

你不理解叔叔的意思，
所以寫出來的文字
也沒人看得懂。
「這就是我的
想法」的「這」，
必須是你自己
心裡所想的事情。

沒錯，
媽媽說的對。

你必須
填入自己的
心得與感想。
填入？

讓我以樹木來比喻……
大雄的意見就是樹木的根。
讀書心得
樹幹的部分是由文字和句子組成，
再繁衍出枝葉，也就是讀書心得的精髓。
句子
文字
大雄的意見

假設你看了一本書，覺得主角是一位善良溫暖的人……
而這也是你真正的想法，就算文章寫得不好也無須在意。

可是，我想得第一名，必須把文章寫好……
只要多寫多練，文章自然寫得好。

獲勝確實是很重要的目標，但你現在的目標是寫完一篇讀書心得。
グッ

※握拳

嗯，沒錯，我會努力寫完讀書心得。
大雄，你一定可以的。

時間這麼晚啦！
我得趕快
回家！

叔叔要走了嗎？
您可以在家
多聊一會兒，
等爸爸回來啊！
大雄，
幫我跟你爸爸
打聲招呼。

你要加油哦！
比賽結果出爐後，
別忘了通知我。
好，
我知道。
謝謝你
教了大雄
那麼多事。

好，
我要上緊發條，
全力以赴！
保持這個
幹勁，
加油！

趕快拿出可以瞬間讀完一本書的道具！

剩下的一半就靠自己讀完吧！

福爾摩斯探案

如何才能不再抗拒寫讀書心得？

如果很討厭看書，該如何改善呢？

不是不知道該如何閱讀，而是很討厭看書啊……

別擔心，我唸小學的時候也很討厭看書。

當時老師告訴我「不能為了寫讀書心得而去讀書」，是因為你想看那本書你才看。抱持這種心情去看書就好。

你一定也有自己喜歡的書，漫畫也可以，報紙也很棒，書籍當然也不錯。請先找出自己喜歡看的書吧！

如果還是找不到自己喜歡的書……不妨和我一起到國外去看一看吧！或許會有新發現哦！

剛剛是開玩笑的。話說回來，如果一直討厭閱讀，真的是很可惜的一件事。各位不妨先找出有趣的書，再嘗試各種不同類別的作品。

如果你覺得手上的書不好看，只要換一本書就好，無須強逼自己把書看完。

衷心希望在你持續閱讀、接觸各種類型書籍的過程中，書能像飯或麵包一樣，成為你的生活支柱。原因很簡單，人是靠吸收話語和智慧成長茁壯的生物。

想知道讀書心得的正確寫法？這是我的建議

我也跟大雄說了，我不認為世界上存在著「正確的讀書心得」。如果你班上的老師說「這篇是正確的讀書心得」、「那篇是錯誤的讀書心得」，請拿這本書向老師抗議。

當然，就算我說「世界上沒有正確的讀書心得，各位想怎麼寫就怎麼寫」，各位也不可能說寫就寫。

因此，我要向各位分享老師教我的超實用讀書心得寫作技巧。「讀書心得就是意見」，重點在於放入自己的想法。以文章為例，基本型態是「**我是這麼想的**」、「**我的想法是這樣**」，只要在文章裡放入以上元素就沒問題。從自己讀過的書衍生出自己的意見，產生自己的想法。若能做到這一點，接下來只要書寫即可。

當你不知道該寫什麼的時候……

當你不知道該寫什麼時，請不斷回到基本，持續思考。

重點是「寫下自己的想法」。「我」如何閱讀此書？產生什麼樣的想法？這是最重要的關鍵。先寫「**我的想法是○○**」的句子，再將具體內容填入「○○」。

接著描述自己讀的書是「**什麼樣的書**」。

　　我讀的書是《賣火柴的小女孩》，我的想法是這位小女孩很純真、毫無心機。

《一寸法師》的鬼和公主一定是同夥，他們一起讓一寸法師變成獨當一面的大人。

將書當成問題，以回答問題的方式告訴大家「有這樣的例子或是有這樣的狀況，請各位參考」。

假設有人問你「這是本什麼樣的書」、「這本書在說什麼」、「你有什麼想法呢」等問題，你會如何反應？

此時你只要回答這些問題，寫下自己的答案即可。從這個角度思考讀書心得，是不是覺得一點都不難？不只不難，還覺得很輕鬆、很有趣呢！

如果你寫的答案讓人覺得「原來還有這種解讀法」、「真的耶，被你這麼一說，我也這麼認為」，那就更好了！

讀書心得
一點都不難！

養成「思考閱讀法」

接著我要建議讀書方法。撰寫讀書心得時才思考或者回想「這本書在寫什麼」，一定會感到痛苦。不如一邊閱讀一邊思考，才能事半功倍。

我建議的方法是「思考閱讀法」。舉例來說：

這個故事究竟在說什麼？
作者到底想說什麼？
這一點值得懷疑。
如果是我，我的想法是……
這一段說得真好。
豈有此理！不可接受！

很好很好，
繼續下去！

閱讀時讓腦中產生各種想法，就是「思考閱讀法」的精髓。只要能掌握其中之一，就能直接運用在讀書心得裡。接著只要將你的想法原封不動的寫下來即可。如此一來，就不會出現「不知該寫什麼」的窘境。

即使如此還是不知該寫什麼！

嗯，我懂。儘管已經運用「思考閱讀法」，但一動筆腦中就一片空白，我也有過這樣的經驗。腦中明白只要寫下自己的意見就好，但就是寫不出來。明明書很好看，偏偏寫讀書心得時，除了「好看」之外想不起其他心得。

遇到這種時候，你可以這麼做：

1 再重看一次。
2 閉上眼睛思考。
3 轉換心情。
4 思考登場人物。
5 先寫再說。

各位不妨多加嘗試以上行為，轉換心情尤為重要。我相信一定會有效果的。

榨乾腦汁！用盡一切辦法也寫不出來！

此時不妨這麼做：

有時候一動筆，難免會遇到寫不出來的情形。

①「尋找亮點」之術

找出書中自己覺得「很棒」、「寫得很好」的亮點。

②「尋找怪點」之術

試著找出所有覺得奇怪、特別的地方。

③「尋找悟點」之術

試著找出所有令自己恍然大悟的地方。

④「尋找趣點」之術

令人忍不住笑出來的地方，也藏著寫作靈感哦！

⑤「尋找疑點」之術

雖然不知道為什麼，但總是感到疑惑的地方也很重要。

⑥「尋找相似點」之術

找出書中內容與自己經驗相似之處。

⑦「尋找怒點」之術

遇到忍不住生氣的內容也要再三檢視。

以這個方法重新閱讀一遍，就能夠輕鬆找到可以寫入讀書心得的內容。

看過書卻無法感動的人不妨這麼做

前一陣子報紙刊載了一篇報導，寫道：「最近世界上有越來越多刺激的事物，讓越來越多孩子無法產生感動的情緒。」

說真的，我衷心希望各位能對所有事情感動，並坦率的說出來。不過，感動是勉強不來的。從以前到現在，讀書心得經常用「感動」一詞，但對於無法感動的人來說，一定會對這樣的寫作慣例感到很無奈。如果你看完書之後，真的沒有感動的感覺，不妨直接寫下「我沒那麼天真，會被這樣的故事感動」。如果你的老師說：「沒有感動元素的讀書心得根本不像樣。」我認為你的老師說錯了。

不成為老師心目中的乖學生也沒關係！

老實說，你之所以討厭讀書心得，是不是覺得必須寫出一篇讓別

今天我不想寫功課。

人認為自己是乖學生的讀書心得？如果你這麼想，從今天起停止撰寫違背真心的讀書心得。

為了讓老師稱讚或喜歡而寫的讀書心得，總是給人千篇一律、了無新意的感覺。如果你真的很想成為別人眼中的乖學生，那當然另當別論；如果不是，請寫下你內心真正的想法，即使被老師責罵為什麼這麼寫也沒關係，我很欣賞你的勇氣。當你放棄成為別人眼中乖學生的想法，你就走上了讀書心得名人之路。

以這個方式打造自己的意見！

當你找到自己喜歡的段落或想寫的內容，下一個問題是「該怎麼寫出自己的意見」。雖是老生常談，但唯有思考才有意見。「思考」的祕訣就是先暫時拋開常識。當人對一件事「重新提問」與「產生質疑」，才會開始思考。

此時人會開始想「**為什麼會這樣？**」、「**為什麼呢？**」、「**大家都這麼說，但這是真的嗎？**」……像這樣反覆思考。

關鍵字就是「**為什麼**」、「**如果**」與「**該怎麼做才好**」。

大家都說○○，但我認為……。

如果我是書中主角，我會怎麼做呢？

如果你可以寫出這樣的文章，那就太好了，因為文章裡充滿你的想法。

閱讀不只是去思考作者的想法與其創造的世界，同時也讓我們思考自己的處境。由於這個緣故，每個人寫出來的讀書心得都不同。應該說，讀書心得絕對不能和別人一樣。巧妙運用剛剛介紹的關鍵字，創造出你特有的想法（意見）。只要直接寫下你的意見就能完成讀書心得，是不是很簡單呢？

第二章

這麼做，就能輕鬆寫出讀書心得！

大雄，你的讀書心得寫得順利嗎？

順利，我終於把書看完，正在寫讀書心得。
好認真！

讓我聽聽看你目前寫完的內容吧！
好啊！

「今天放學後，和胖虎、小夫、靜香一起回家，在回家的路上……」
咦？

等一下！

你寫的是《福爾摩斯探案》的讀書心得，對吧？
是啊！

怎麼會出現胖虎的名字？
我想從放學回家的路上開始寫起……

讀書心得不是日記。

野比郎叔叔說我可以自由決定怎麼寫，沒關係吧？
你又誤會別人的意思了。

雖說是自由書寫，但你一定要寫自己對於看過的書有什麼想法。
看過的書？

例如書中哪個段落很有趣，
或是主角的心情……你一定有許多感受吧？

我又不可能去問主角，怎麼知道他的心情……
…………

對了！
有沒有什麼道具可以跟書中人物對話的？

如果有，我就可以問福爾摩斯的心情了。
你真的很會想這些鬼點子……

算了，既然看過書，這次就幫你吧！

「虛構人物蛋」。
只要敲破這顆蛋，故事裡的名人就會出現哦！

有了，就是這顆！
夏洛克・福爾摩斯

ポン
※砰

出現了！夏洛克・福爾摩斯！

Nice to meet you!
What can I do for you?

我聽不懂他在說什麼。
對了。

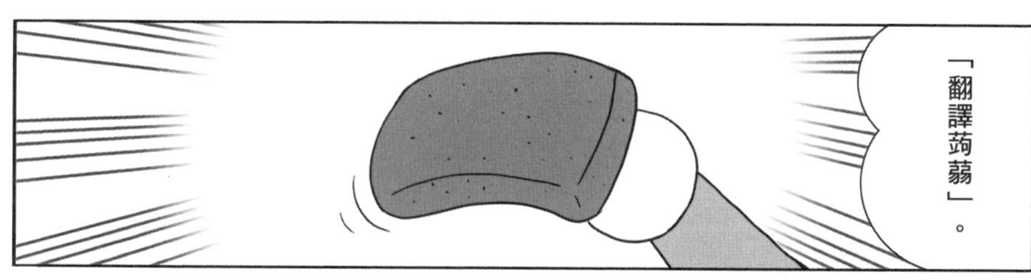
「翻譯蒟蒻」。

※嚼嚼

モグモグ…
這樣就沒問題了。

福爾摩斯先生，是這樣的……
等一下！我來推理一下你想對我說什麼吧！

2 章節

一定是作業吧！
咦？你怎麼知道？

我一看你的書桌就知道了。
看起來你正在寫作業。

是這樣的，我正在寫書籍的讀書心得，但寫得不是很順利……

我的叔叔告訴我要怎麼寫都可以，沒有任何限制，我還以為我一定寫得出來……
原來如此……

基本上，讀書心得一定要寫你看的那本書。
哆啦A夢也說過一樣的話。

我讀的書是《福爾摩斯探案》。
所以你才找我嗎？

是的，我想直接問主角，也就是福爾摩斯先生，你究竟在想什麼？

既然如此，今天我就特別一點，教你我寫讀書心得的三個祕訣吧！
真的嗎？

首先，祕訣一，「講解自己讀的書是什麼樣的書籍」。
這是什麼樣的書？
我想想，這本書收錄了十幾則短篇故事，我從中選出最有趣的……

如果不了解書的內容，就算寫了讀書心得也不知所云。
主角有什麼目的？
他跟犯人是在哪裡見面的？
原來如此……我會再確認一次。

書籍主題是什麼？
祕訣二，「這本書寫的是什麼主題」？
我想想……主題是解決各種案件的名偵探，這樣可以嗎？

你有什麼想法？
祕訣三，「你看過書之後，有什麼想法？」
「等我長大後，我也要成為名偵探，幫助遇到問題的人，解決他們的煩惱……」
我想這樣寫，可以嗎？

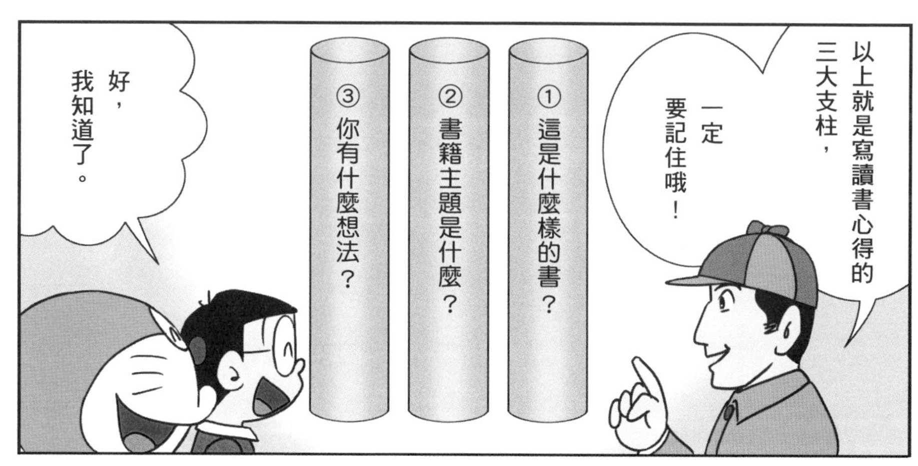
以上就是寫讀書心得的三大支柱，
一定要記住哦！
①這是什麼樣的書？
②書籍主題是什麼？
③你有什麼想法？
好，我知道了。

對了，我想起來了。虎之卷也寫了三大支柱。

「只要有三根柱子，就能蓋出一棟房子。」

「不過，若是將三根柱子的任一根柱子拆掉，房子就會倒……。」

換句話說，撰寫讀書心得時，一定要有三大支柱。
多虧福爾摩斯先生的幫忙，我現在明白了。

大雄，你再複習一次三大支柱的內容。
咦？不用了，我已經懂了。

大雄！現在的你根本看不出擁有寫出讀書心得的自信！
自信？

每次發生案件，我都會反覆推理，確認自己有十足的自信可以解決問題。
這就是夏洛克・福爾摩斯之所以被稱為名偵探的原因。

大雄也要不斷重複閱讀與書寫的過程，直到有自信寫出讀書心得為止。
福爾摩斯先生說得有道理。
嗯……說的也是。

2 章節

首先，這是一本什麼樣的書？

只要概略說明即可，回想一下這是一本什麼樣的書。

寫下登場人物和劇情概略，更加一目了然。

福爾摩斯

1 波宮祕史
2 紅髮會
3 身分案
橘核
唇男人
7 藍寶石案
8 斑點帶子案
9 工程師大拇指案
10 貴族單身漢案
11 綠玉皇冠案
12 銅山毛櫸案

十九世紀末……在貝克街221號，哈德森太太與華生擔任助手，與福爾摩斯一起解決各種案件。

最後，讀了這本書後，你有什麼想法？

呼！終於看完了！

關於這本書的三大支柱，「祕訣一」與「祕訣二」已經大致清楚。

寫下有趣的段落或自己喜歡的部分，之後再統整即可。

最後要寫的是，大雄在此情形下，有什麼想法？

這本書充分展現出福爾摩斯驚人的觀察力。

只要能寫出這些內容，就完成讀書心得了。
這次我有自信了，我一定能寫出讀書心得。

那我走囉！
祝你順利成功。
謝謝你，
福爾摩斯先生。

辦完事後
就會消失。

啊！
糟了！
我最想知道的是
福爾摩斯先生的心情，
竟然忘了問！

再拿出
一顆蛋來！
每個人物
只有一顆蛋啦！

怎麼會這樣
……
話說回來，
讀書心得本來就是
你自己要思考
並且撰寫的。

最重要的是，全世界沒人知道福爾摩斯先生的心情，你如果寫出來，要如何說服大家相信？
大雄，你是怎麼調查的？
咦？呃，那個……
對耶……我沒想到這一點。

福爾摩斯先生已經教我三大支柱了，
只要掌握訣竅，我應該就能寫出來。
沒錯！

好了，把三大支柱放在腦中，再重組內容吧！
好！

我的大腦
使用過度，
要休息一下。

唉……
算了，
大雄今天確實
用了很多大腦，
就先放過他吧！

讀書心得的寫作祕訣

撰寫讀書心得的三大支柱

我剛剛向大雄傳授了「撰寫讀書心得的三大支柱」，讓我再跟各位分享一次。

1 這是什麼樣的書？
2 書籍主題是什麼？
3 你有什麼想法？

你記住了嗎？只要會寫這三點，就等於寫完了讀書心得。撰寫讀書心得時，請將這三點放在腦中。

接著容我詳細說明。

容我詳細說明三大支柱。

1　這是什麼樣的書？

最重要的是書籍的內容概要，這是說明「書裡寫什麼內容」的關鍵。

我有個朋友是學校老師，他以前跟我說過，有名學生想要詳細撰寫概要，結果卻將整本書抄了一遍。我聽了相當驚訝，事實上，只要大概說明內容即可。

> **1　主角與登場人物**
> **2　事件、發生的事情**
> **3　開場與結局**

一開始就根據這三大要素思考看看吧。

寫完後掌握以下內容：

只要大概說明內容即可！

「誰↓做了什麼？」
「事↓結果如何？」
「一開始如何？結果又如何？」

不擅長統整概要的人，不妨做筆記整理。

還有一點大家容易忽略，書籍整體印象、封面與字體大小、插圖、書本厚度等，都能說明「這是什麼樣的書」，不妨好好注意。

每張插圖都好可愛！封面插圖真的很棒。

這本書真的很厚，當初爸爸給我這本書的時候，我還忍不住驚呼了一聲。

怎麼樣？這是很好的開頭吧！

此外，書名、副標以及書腰（印有宣傳文字，像腰帶一樣繞在書衣上的長條狀紙張），都是書籍的一部分，千萬不要忽略。

我一看到《妖怪大百科》這個書名就很想馬上閱讀，封面設計更是讓我滿心期待。我已經很久沒有在閱讀的時候，產生這種興奮的感覺了……

除此之外，還有許多值得留意的地方。

例如「這本書很貴」、「這是別人送我的禮物」、「這本書就放在哥哥的書桌上，我偷偷拿來看」等，以自己第一次接觸書籍的情景開頭，也是很好的點子。無論如何，就從這個角度向大家介紹，自己看的「是什麼樣的書」吧！

2 書籍主題是什麼？

這一點很重要，各位務必細心閱讀。

聽好囉，每本書都有「想說的話」，作者是為了傳達自己的「意見」才寫書。這與故事和劇情發展不同，作者想說什麼？為什麼寫這本書？各位不妨注意這一點，找出作者「想說的話」。

《跑吧！美樂斯》↓友情
《一寸法師》↓自卑感
《清秀佳人》↓關於生存的意義
《湯姆叔叔的小屋》↓關於人類的尊嚴
《桃太郎》↓與困難奮戰
《國王的新衣》↓真相的重要性

各位覺得如何？不瞞各位，這些都是與各位一樣的小學生寫的感想。讀過這些書的人，是否也有相同感想？這就是所謂作者「想說的話」，也就是書籍「主題」。

請各位仿照範例，以簡單的一句話表現作者「想說的話」。一本書只要找出一個主題就夠了。事實上，只要努力找，一定能找出好幾個「主題」。

不過，有太多「主題」，反而不容易寫出讀書心得。尤其是在還沒學會讀書心得的寫法時，統整多個主題難度相當高。由於這個緣故，建議各位一開始只要鎖定一個主題即可。

不過，為了確定你找到的主題是作者真心「想說的話」，尋找主題的時候一定要細心縝密，鉅細靡遺。

不能直接問作者嗎？

3 讀了之後有什麼想法？

三大支柱的第三根柱子，就是在思考「這是什麼樣的書」與「書籍主題是什麼」的過程中，你自己「有什麼想法」？

我相信有些人只回答得出「我看得很開心」、「內容很有趣」這樣的答案。

為了解決各位的問題，請先看以下範例：

這本書裡寫著〇〇，但我認為是△△。

我認為這本書的主題是〇〇，關於這一點
我的意見是……

看懂了嗎？只要寫出這樣的文章即可。這是基本範例。當然，各位能用自己的方式閱讀，想說什麼都可以。最重要的是，無須動不動就在讀書心得裡寫下「我很感動」、「讓我受益良多」這類很刻板的文字。

如果你的意見與作者不同，此時不妨坦然說出自己的意見，例如「我的想法和作者不同」、「我覺得作者說的話很奇怪」。

最後，容我親自示範如何運用三大支柱撰寫讀書心得。

別再以「感動」
來表達自己
看完書後的感想。

《桃太郎》是大家耳熟能詳的民間故事，內容描述桃太郎前往鬼島擊敗惡鬼的過程。這本書的主題聽起來像是「擊敗惡鬼是正義的行為」，以及「桃太郎站在正義的一方，他很偉大」，但我不這麼想。我認為桃太郎只是想要獲得外界的讚美，根本不是正義使者。

在讀書心得裡明白說出自己的想法和作者想說的話不同，會讓大家感到意外，但這也是很棒的讀書心得。容我再強調一次，無須「感動」也無須「獲益良多」，依舊可以寫出精彩的讀書心得。

最後提醒各位，請謹記撰寫讀書心得的三大支柱。只要做到這一點，任何人都能輕鬆寫出讀書心得。

第三章

這麼做，就能迅速寫出讀書心得！

※滾落
啊！我不行了！
コロン

怎麼啦？
我還是寫不出來啦！

我還以為只要運用三大支柱就能很快寫出來，但我還是沒辦法統合成文章。
我看你一直在寫，不像是寫不出來的樣子啊！

仔細想想，《福爾摩斯探案》是由十二則短篇故事組成的……
パラパラ
要從這麼多則故事選一則來寫，真的好難哦！
パラパラ
大雄，現在哪有時間猶豫啊！
※翻閱

還是放棄
《福爾摩斯
探案》好了
……
什麼?!

你現在哪有
時間重新
讀一本書？
不，
我又想起
另一本
我讀過的書。

就是《艾摩
與小飛龍的
奇遇記》。
書架上沒有
這本書啊！
艾摩與小飛龍的奇遇記

我借給靜香
看了。
我現在去
找她要回來，
方便我回想內容。

3 章節

這是之前跟你借的書，謝謝你。
抱歉，突然跟你要回來。

趕得上寫讀書心得嗎？
可以，沒問題。

你還敢跟靜香說沒問題，問題可大了，好嗎？
呵呵……

如何？你還記得書的內容嗎？
嗯，記得。

故事描述主角艾摩前往野蠻島幫助小飛龍的冒險過程。
我記得當初還看得津津有味呢！

那本書我也看過哦！
啊！是不二子不二夫老師。

老師在這裡做什麼？

我沒有靈感，想不出點子，出來散散步。
躲在水泥管裡散步嗎？

老師，你該不會又是偷溜出來的吧？
嗯……被你發現了。

我也好想逃避哦！
連你也？發生什麼事了嗎？

我寫不出讀書心得，好煩惱哦！
讀書心得？

許多人給我好多意見，我原本以為有這麼多建議一定寫得出來，沒想到還是不行……
我明白了……

這樣吧，我來告訴你寫文章時最重要的「架構理論」。
「架構理論」？

我雖然是職業漫畫家，
但我也很會寫文章哦！
老師好厲害！

第一步是從你選的那本書中，找出書籍主題。
主題？

簡單來說，你選的那本書究竟在說什麼？這就是主題。
這與三大支柱的第二根柱子相同！

可是……我找得出主題嗎？
不知道該怎麼做的時候，不妨思考自己想寫什麼。

我想像艾摩一樣前往野蠻島幫助小飛龍……
很好，接下來要解讀自己的心情。

3 章節

解讀自己的心情啊……

我懂了！我想知道怎麼做才能獲得勇氣。
這就對了！

下一步，你可以想一想如果是你，你會怎麼做？

如果是我，我會怎麼做？
沒錯，如果是你，你想經歷怎樣的冒險故事？

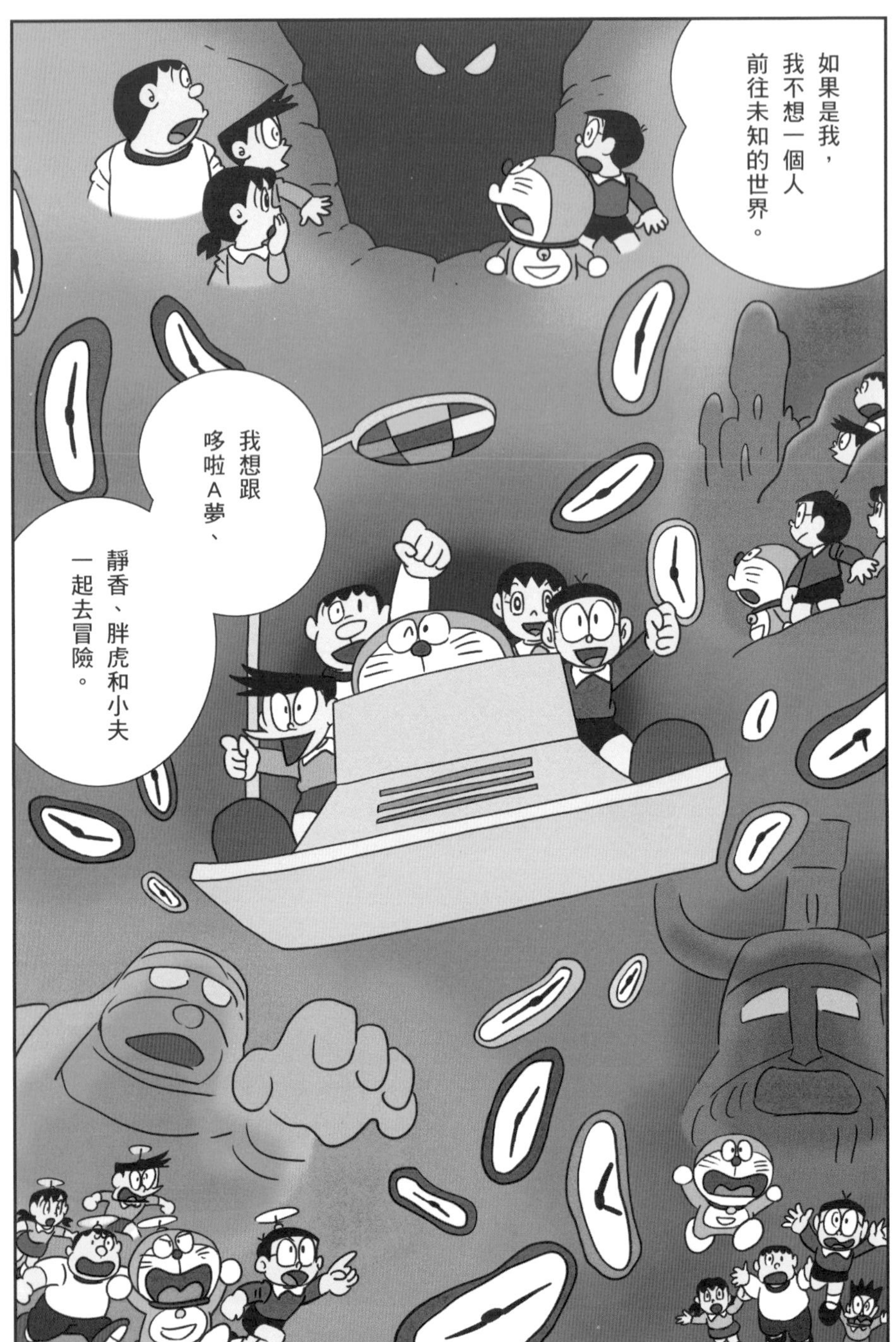
如果是我，
我不想一個人
前往未知的世界。
我想跟
哆啦A夢、
靜香、胖虎和小夫
一起去冒險。

很好！接下來只要一五一十的寫下自己的想法就可以了。
我懂了！只要像這樣一一建立架構，就能完成讀書心得。

好佩服老師！
哈哈哈……

回家之後，趕快將剛剛說的話寫成文章哦。
嗯，我知道。謝謝老師。

這次我有信心能寫好讀書心得！
趕快利用架構理論寫出讀書心得！

讀書心得寫作法作戰策略

善用架構理論就能輕鬆寫出讀書心得！

我剛剛已經與大雄分享了「架構理論」，但應該還有人不清楚具體內容，接下來容我再次詳細解說。

不二子不二夫老師推薦！架構理論

1 **寫下第一次接觸這本書的故事，包括具體情景。**

2 **以一句話簡單形容看完書後的想法，讓人留下深刻印象。**

「讓我怦然心動」、「讓我忍不住深思」

3 **描述書籍主題。**

「我認為這本書的主題是……」

4 **解釋你認定該主題的理由。**

「我會這麼認為是因為……」

5

從本文引用概略劇情或重要段落。

6

針對故事發展和重要段落寫下你的意見。

「我的想法是……」

7

利用「假設」句型寫文章。

「如果是我……」、「要是遇到這種時候……」

8

說明書寫「假設文」的理由，以及你提出意見的根據。

「我之所以認為……，是根據……的理由」

9

利用「因此」句型統合意見。

「因此，我認為……」

10 **追加自己的感想。**

「最讓我印象深刻的是……」、「這段……的劇情最讓我深有同感」

11 **最後做結論。**

「這本書對我來說是……」

就像我向大雄說過的，只要認真撰寫讀書心得，就會出現上述架構。各位覺得如何？如果能記住架構理論，任何人都能輕鬆寫出精彩的讀書心得。

事實上，架構理論集結了撰寫讀書心得的所有要素。也因此，在記住此寫作技巧時，無需堅持架構的前後順序，只要注意在一篇文章裡有這十一根柱子即可。等寫作技巧純熟之後，再嘗試深入描述或強調某些重點，建立起你個人特有的敘事框架。

不二子不二夫老師推薦！架構理論

「原・例・如・因」策略

想進一步提升寫作能力，輕鬆完成讀書心得的人，接下來我要與各位分享個人私藏的寫作策略，這個策略我可是連大雄都沒教哦！第一個就是「原・例・如・因」策略，首先說明「原・例・如・因」的意義。

我的想法是……首先寫感想與意見。
原因……理由。寫下自己有如此想法的原因。
例如……舉例。盡可能用例子做說明。
如果……假設。建立「假設」之後，寫下自己的發想。
因此……結論。總結說明。

透過闡述「原因」，讓讀者明白你有此意見的原因。接著利用「舉例」產生說服力，建立「假設」展開主題或討論議題，最後以「因此」做總結，提出結論。可能有人已經發現了，前方介紹的架構理論，其實也是運用「原・例・如・因」策略建立起來的。

「五大感想」策略

第二個是「五大感想」策略。

1 撰寫自己接觸這本書的感想。
2 撰寫自己瀏覽這本書的感想。
3 撰寫自己詳讀這本書的感想。
4 找出主題，撰寫感想。
5 針對劇情、各種情景與內容台詞，撰寫感想。

請依照此順序撰寫感想。

如此一來，你一定可以立刻寫出五大感想。最棒的是，寫完感想也就寫完讀書心得了。

當然，即使不全部寫出五大感想，也能完成讀書心得。不過，難得有這個機會，不妨試著寫下五大感想。

1 「剛開始時我忍不住想，我已經這麼大了，根本不想看這樣的故事，覺得好煩。」

2 「不過，開始閱讀之後，覺得越來越有趣，逐漸受到吸引。」

3 「看完這本書之後，內心不禁靜默了下來。」

4 「青鬼的心意真令人感到悲傷，他明明不需要犧牲，卻犧牲了自己。我認為這則故事的主題就是『犧牲』。」

5 「我認為赤鬼其實十分理解青鬼的心意，所以他最後只能不斷的哭泣。」

按照這個順序就能寫完五大感想，再加上最後的總結，文章更加完美。

總結 「我也忍不住哭了出來。在我心裡，《哭泣的赤鬼》是一則賺人熱淚的故事。」

「分析感想」策略

接著要分享的是「分析感想」策略。

當你只覺得「有趣」、「無聊」，無法產生其他感想，或是不清楚自己的想法，不妨依照以下題目仔細思考。

哪一段讓自己印象深刻？哪一段讓自己感到氣憤？哪一段讓自己感到開心？哪一段讓自己感到悲傷？哪一段讓自己看了想落淚？哪一段讓自己忍不住哭泣？哪一段讓自己感動？最喜歡哪一段？最喜歡的台詞？哪一段讓自己哭到停不下來？最不能接受哪一段內容？

如何？按照這些題目思考，是否都有清楚的答案？

「記住大量感想關鍵字」策略

再來是上一段「分析感想」策略的應用篇。

撰寫讀書心得最常用的詞彙包括「（讀得很）開心」、「有趣」、「感動」，相信不少人也經常使用這三大詞彙吧！不過，要用這三個詞彙寫完一篇讀書心得，未免太強人所難。

為了解決這個問題，我建議各位採取「記住大量關鍵字」策略。此策略不僅能幫你度過文思枯竭的難關，還能寫出與過去截然不同的文章。舉例來說，將「有趣」改成「讀得津津有味」，就能讓你的讀書心得煥然一新。接著再描述你覺得最有趣味的地方在哪裡即可。

> **嚴厲、痛苦、沉重、苦惱、難受、嚇一跳、煩惱、狡猾、熱淚盈眶、散漫、愉快、舒服、最棒、津津有味、爽朗、作夢的感覺、受到衝擊**

善用國語辭典，
找出更多詞彙，
讓讀書心得更豐富！

「記住展開劇情的用語」策略

接著是「記住展開劇情的用語」策略。

請先看以下詞彙。

主角是、這位作者是、換作是我、這是因為、舉例來說、如果、因此、一定、說不定、或者、從另一個觀點來看

在文章中間使用這些詞彙，就能迅速寫完讀書心得。遇到寫作瓶頸時，請務必謹記運用，一定能寫出重要句子。簡單來說，只要轉換主詞、觀點和想法就能順利寫下去。

假設你閱讀了《哆啦Ａ夢》，決定寫《哆啦Ａ夢》的讀書心得。此時如果你一直以「哆啦Ａ夢」為主詞，不僅寫沒兩句就寫不下去，更很快失去靈感。此時不妨轉換主詞，以「大雄」、「現代」、「人」、「我」為開頭，就能寫出不同內容。相信你一定會想到許多想寫的內容，出乎你的預期。

「寫就對了」策略

剛剛我介紹了許多寫作策略，但我相信一定有許多人原本就很討厭寫作文或讀書心得，而且怎麼寫也寫不出來。有時要花許多時間才能動筆，有時即使寫了開頭也立刻用橡皮擦擦掉……

話說回來，我也說不出什麼偉大的建言，但是我認為，與其猶豫再三，不如抱持著「寫就對了」的心態動筆，能讓你更加輕鬆。許多時候看似下筆前想了不少，其實根本什麼想法也沒有。

各位，請停止煩惱，現在立刻動筆吧！

什麼？你寫完讀書心得了？？
大雄，你好認真哦！
有許多人給我很多建議。

大雄寫的讀書心得一定沒什麼看頭。

你當初可是說要拿下第一名，還記得吧？
我……我沒忘記……

一週後，讀書心得作文比賽結果發表日——
現在公布第一名……
第一名是……

※哇──

出木杉同學！
ワーー
果然是出木杉。
完全在意料之中。

※失望

我失敗了……
ガッカリ

還有，雖然沒得第一名，但大雄的讀書心得真的寫得很好。

大雄，可見你這陣子很努力、很認真，
老師很感動呢！

我希望大家也能看看你寫的讀書心得。
我會把你和出木杉同學的讀書心得一起貼在後面的布告欄。

※議論紛紛

ザワ ザワ ザワ
寫得真好！從文字可以感受到大雄體貼善良的心意。
雖然我已經看過《艾摩與小飛龍的奇遇記》，但我想再看一次。

你受到表揚就跟得第一名一樣，
大雄，我認輸。
謝謝你。

太棒了！太棒了！一切的努力都值得了！

接下來每個月都要寫讀書心得，
你的寫作能力會越來越好，總有一天能拿到第一名。
嗯嗯，我會努力！

3 章節

怎麼可以偷溜，太過分了！

明天之前還有二十頁的稿子要交！

你還欠我三十二頁！

看來不二夫老師傳授的「架構理論」不能運用在漫畫上啊！

第四章

這麼做，就能寫出完美無缺的讀書心得！

我正在練習寫下個月的讀書心得，你看一下，告訴我你的感想。
好啊，這次你看的是《桃太郎》，對吧？

「我和哆啦A夢、胖虎、小夫一起去鬼島擊敗鬼怪……」

「……我也想成為一名勇氣十足的人……」你這樣寫啊。
如何？

這一篇內容不是跟《艾摩與小飛龍的奇遇記》讀書心得一樣嗎？
不行嗎？

千篇一律的讀書心得寫起來很無趣，
讀者也會這樣覺得哦！

你好不容易得到老師的肯定，應該要下工夫好好寫。
工夫？

沒錯，擅長寫讀書心得的人，會將文章寫得精彩有趣。

舉例來說，將文章開頭寫得充滿趣味……
犯人是黑
逃走了
寫出故事的哪一段令人感動……
弱小卻強大
戰鬥的決心讓人
主題究竟是什麼……
增進了友誼
也增進了親子關係

出木杉之所以得第一名，也是因為他下了很大的工夫吧！

為了做到這一點，你要更深入了解桃太郎的心情。
桃太郎的心情啊！

4 章節

對了！要不要直接跟桃太郎對話？
這麼做或許能讓你從桃太郎的觀點寫讀書心得哦！

好是好……可是要怎麼見桃太郎呢？

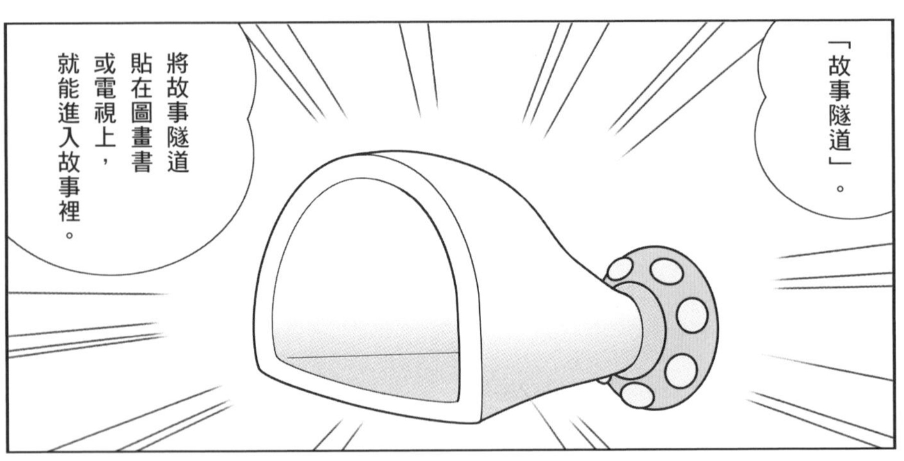
「故事隧道」。
將故事隧道貼在圖畫書或電視上，就能進入故事裡。

開始之前，先用「更衣照相機」……
カシャ
※喀嚓

為什麼要變裝成猴子？
得先配合故事內容才行啊！

※亮相
パッ
我變裝成狗！

一起去桃太郎的世界！

哦！是桃太郎！
你好，桃太郎。
你好！
日本一

你現在要去鬼島擊退鬼怪嗎？
嗯，沒錯。

你不怕鬼嗎？
怕啊，但總要有人去做這件事。

你還是個孩子，竟然這麼勇敢。

不過，光靠我一人是不夠的。
我正在尋找可以跟我一起奮戰的夥伴。

這世上還有許多人擁有我沒有的能力。

對了！我給你們糯米糰子，你們願意和我一起奮戰嗎？
什麼？不行、不行！
我們沒有勇氣去打鬼怪。

再過幾天，你就會遇到和我們一樣的夥伴。
到時候他們一定會幫你的。
那真是太好了。
日本一

很高興能見到桃太郎，我一定能寫出有趣的讀書心得。
讀書心得？聽起來很像咒語。
日本一

我還要趕路，我先走了，再見。

好好玩哦！
嗯！

難得有機會見到面，你就化身成桃太郎，好好寫讀書心得吧！

※喀嚓、變裝

カシャ

パッ

再用一次「更衣照相機」……

像這樣身心一起入戲，你一定能寫出充滿桃太郎觀點的讀書心得。
原來如此，真是好主意！

開頭就寫「如果我是桃太郎……」，
怎麼樣？
好耶！這開頭會讓人想看下去！

說到這個，虎之卷也寫道「開頭是影響整體文章的重要關鍵」呢！
開頭是影響整體文章的重要關鍵哦！

※轟隆隆

電影也是一樣，只要開場畫面吸引人，觀眾就會立刻進入電影世界。

用心思考讀書心得的開頭，寫出引人入勝的句子，吸引讀者的目光吧。

ゴゴゴゴゴ

ゴロン

ゴロン

只要確定文章風格，就很容易下筆。

腦中陸續浮現出接下來要寫的文字。

我以桃太郎的
立場來表達感想
如果平時我擁有
這種力量的話

的情況之下
保持有力的
能幫助別人
感到有點擔心

進入那個世界之後，
我就好像變成了主角
要把鬼打倒這件事
我覺得我有責任
做得到

在鬼島上
面對很強的
處於弱勢
會是怎麼

桃太郎的世界
要是大家可以
同心協力的話
讀完之後我覺得

幫我看看目前的文章如何？
很不錯耶。拿去給媽媽看看吧！

媽媽找到我藏起來的考卷，她看起來很生氣，像鬼一樣恐怖！

雖然你現在穿著桃太郎的衣服，但也不能擊敗媽媽啊！

「開頭」的寫作技巧與尋找「主題」的方法

確定文章開頭，讀書心得就可信手拈來！

相信許多人都跟大雄一樣，不知該怎麼下筆，也很煩惱如何才能寫出引人入勝的文章開頭。文章開頭不只會影響接下來的文字走向，也會改變結論和文章的整體印象。由此可見，文章開頭真的很重要。換句話說，只要確定開頭怎麼寫，讀書心得就可信手拈來！

建議大家多多嘗試各種方法，學會文章開頭的寫作技巧。

1 「從接觸情景切入」之術

這一點大家應該都知道了。簡單來說，就是從第一次接觸這本書的來龍去脈和緣由切入的寫作技巧。由於是真實發生的事情，相信各位一定能很快寫出來。

2 「建立假設」之術

透過建立假設的方式，以「如果你還沒閱讀本書，我建議……」、「如果我是作者……」、「如果我是主角……」等句子開頭也是很有趣的做法。即使還沒決定要寫什麼，以「如果」做開頭，接下來就很容易了。

3 「節錄故事場景」之術

夜鷹之星一直在燃燒，永遠永遠不停的在燃燒。

接著再寫下你的意見，或是針對主題討論。

4 「從體驗切入」之術

首先不妨仔細描述自己的體驗，例如「上週日我和人吵了一架」；接著帶出書中主題，例如「書中主角也和人吵了一架」。

5 「感想詞彙」之術

從感想詞彙開頭也是不錯的方法，例如「我感到很驚訝」，接著帶出關鍵主題。

想出吸引人的文章開頭，讓老師和同學會想繼續看下去！

6 「寫信」之術

這是將讀書心得當成信件，寫信給故事作者或登場人物的寫作技巧。既可寫得輕鬆，又能寫出饒富趣味的讀書心得。

桃太郎先生，你好嗎？我知道你出生時的情景……

7 「一定、應該」之術

「小狐狸阿權一定……」、「我想兵十應該……」——運用這個寫作技巧，一定能讓你妙筆生花。

8 「到最後還是」之術

青鬼到最後還是消失了，或許這是他唯一能做的事。

雖然很簡單，但這是很實用的寫作技巧。

9 「節錄台詞」之術

郝思嘉說：「我與大地同在。」

節錄自己喜歡或呈現故事主題的台詞，這個方法可以讓讀書心得與眾不同。

10 「你看！」之術

你看！果然不出我所料，尚萬強就是被過去束縛。

這是與「從反省切入」之術完全相反的寫作技巧，告訴讀者故事發展完全在自己的意料之中。

11 「從反省切入」之術

我錯了，我一直認為狼是壞蛋……

12 「從關鍵場景切入」之術

> 灰二往前跑，持續不斷的往前跑。

在文章開頭節錄故事中最關鍵的場景，接著闡述與此場景相關的想法，這個方法可以加深讀者印象。

13 「極力讚揚」之術

> 這本書超絕！簡直是棒到不可思議！用世界第一來形容也不為過。我長這麼大，第一次看到這麼精彩的書……

總之就是一直稱讚、一直稱讚就對了！稱讚完之後再接「我會這麼說是因為……」就能下筆成章。

14 「地方包圍中央」之術

先從與內容無關的事情切入，例如「封面很棒」、「我最喜歡這

《哆啦A夢》是
描述名為大雄的少年
大放異彩的故事。

位作者」，接著再進入主題也是好方法。

15 「文案撰稿人」之術

有了這本書，讀書心得就是你的囊中物！

這個方法是將自己當成書籍的宣傳人員，思考宣傳文案，絕對能寫出許多感想。

16 「設身處地」之術

我的名字是夏洛克・福爾摩斯，今天我跟助手華生一起……

假設自己是登場人物來寫讀書心得，也是一種好方法。

17 「循規蹈矩」之術

採用最老派的寫法，從故事概要寫起也不錯。例如「本書描述的是主角○○遭遇……的故事」。

18 「正面對決他人意見」之術

　　媽媽說「這本書很棒」，但是我不這麼認為。媽媽說讀完這本書就能夠了解友情的重要性……

像這樣藉由別人的意見，寫出自己的反對意見，形成對比的寫法十分有趣。

19 「坦然抱怨」之術

　　這本書是同學推薦我看的，我覺得一點也不好看。但我沒時間看其他書了，只好寫這本書的讀書心得。因此，我打開筆盒開始動筆。

這是有點難度的寫作技巧，一邊抱怨一邊寫出自己想講的話。

絕對不能忘記！要找出關鍵主題

話說回來，即使文章開頭寫得好，如果沒找出主題，亦即作者想透過書籍表達的「想法」，也會讓讀書心得變得平淡，就像沒有梁柱的房子或沒有意見的陳述。

簡單來說，你只會寫出一篇毫無內容的文章。各位一定要記住，重點在於找出書中主題。

1 「注意主詞」之術

假設登場人物的對話中，有一句「所謂好好相處……」此時「好好相處」是主詞，接下來一定還有詳述的內容與答案。若是如此，就可將「好好相處」視為主題。

2 「注意主角台詞」之術

通常作者會透過故事主角闡述主要想法，因此，請先注意主角說的話。相信你一定能找到讓你驚喜的詞句。

3 「注意書籍說明」之術

通常書的封底、書腰和與後記，記載著這本書的內容概要和推薦短語。雖然不能直接照抄，但可以作為參考，有助於找到主題。

4 「找出關鍵字」之術

在自己閱讀的書中，找出作者使用最多次的詞彙，通常這些詞彙隱藏著作者想表達的主題。

5 「注意登場人物」之術

請注意書中出現的煩惱、哭泣與困擾的場景，通常主角會透過登場人物心情的轉折與變化，闡述故事的關鍵主題。就算找不出主題，也能成為「思考」的切入點。

6 「注意結局」之術

任何故事都有結局，這是理所當然的事情。因此，結局一定暗藏著作者的真正心意。

意思是我只要讀後記就好了，對吧？
才不是這樣呢！

7 「透過提問突顯主題」之術

以「為何」、「為什麼」為文章開頭，將此句作為主題。寫讀書心得的人也有權利決定主題。

8 「有自己的主題也可以」之術

對書籍有許多意見的人，沒必要非得找出主題。原因很簡單，因為你已經找到好幾個書籍主題的切入點。接下來只要盡可能深入挖掘觀點即可。

9 「感受作者的心情」之術

設身處地感受作者的心情，試著找出最能傳達作者心意的篇章和詞彙。

10　「感動為主題」之術

在閱讀的過程中，如果遇到感動內心的段落，那就是一定要寫在讀書心得裡的主題。之前說過無須硬逼自己感動，但若是真的感動，也不必隱藏起來。有些人不喜歡說出真實心意，覺得很難為情，可能需要點勇氣才能寫出來。不過，我認為將自己的感動放在主題核心，再深入挖掘自己的想法，其實是十分成熟又帥氣的做法。

11　「善用摘要力鎖定重點」之術

這是十分高難度的寫作技巧。請先思考作者寫了什麼，再用簡短的句子摘要。剛剛說的「寫了什麼」就是「主題」。雖然這個方法很難，但你一定能找到主題。

第五章

這麼做，你也能成為讀書心得名人！

※啪

哆啦A夢貴賓，

未來百貨公司有您的快遞！

※打開

爺爺，你好！
ガラッ
世修！

好久不見，哆啦美好嗎？
嗯，她很好。

哆啦A夢呢？
他現在不在家。

爺爺，有沒有從未來百貨公司快遞過來的包裹？
有，剛剛送來這個。

太好了。
這是哆啦A夢託我買的東西，我把它寄到這裡來。
パカッ

※打開

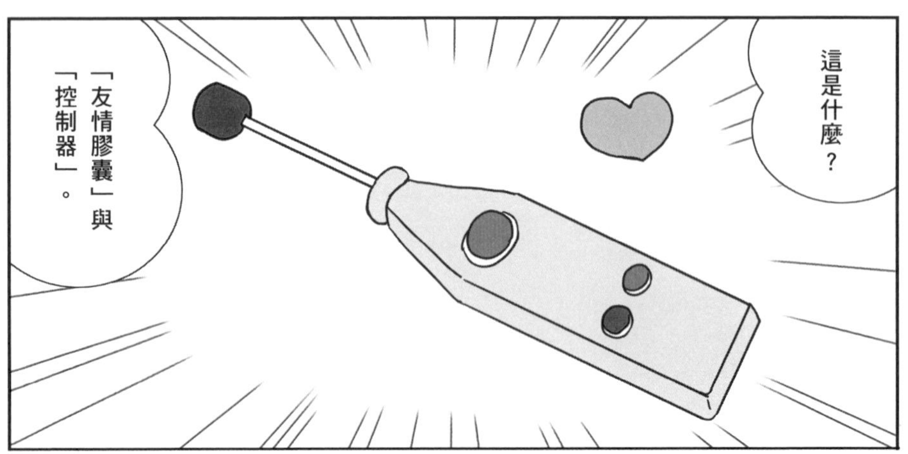
這是什麼？
「友情膠囊」與「控制器」。

將膠囊貼在對方身上，再使用控制器，對方就會感受到強烈友情，為你做任何事。

我是來確認這些東西有沒有寄過來，現在我放心了。

我走囉！幫我問候哆啦A夢。
好，再見。

「友情膠囊」
啊……

對了！
我就用這個
讓出木杉幫我寫
讀書心得！

如果一切順利，
這次讀書心得比賽
我就能拿下
第一名！
※喀啦

ガラッ
我回來了！

5 章節

大雄出去了嗎？

啊！大雄竟然擅自打開我的包裹！

對不起，包裹是我開的。
是世修啊！

剛剛寄來的道具……

哈囉，大雄，有什麼事嗎？
嗯，我有事想拜託你……

咦？那是什麼？
什麼？

咦？在哪裡？
貼上

對不起，我還以為看到發亮的東西，是我看錯了……

我們是好朋友，對吧？
當然！

你可以幫我寫下次比賽的讀書心得嗎？
小事一樁！

你看過《長襪皮皮》嗎？
長襪皮皮
阿思緹・林格倫
全世界最強壯的女孩
看過，這本很好看。

※振筆疾書

請你裝作是我，寫下那本書的讀書心得。
我知道了，交給我！

スラ
スラスラ

真的好厲害啊！
你為什麼一動筆就停不下來，可以一直寫？

有沒有什麼寫作技巧？
祕訣就是要解讀情緒反應。

例如燃燒愛與正義……
或是確實寫出自己的意見等，有很多訣竅。

首先要區分出自己感動的類型，這一點很重要。
感動的類型？

大雄應該看過各種類型的書籍，每次讀都會產生不同的感動。

這些感動能幫助你寫出讀書心得。

不過，有時候自己讀得很感動，忍不住熱淚盈眶，想寫出悲傷的讀書心得卻寫不出來，對吧？
悲傷的故事
明明是悲傷的故事，我卻不這麼覺得，該怎麼寫才好呢……
正因如此，讀書心得只要直接寫下自己感動的心情即可。

你可以寫「讓人大笑」的讀書心得……

也可以「賺人熱淚」……

或者是「引起共鳴」……

只要配合你的目的來決定文章架構就可以了。
可是……感覺好難，我做不到。

啊！你果然在這裡！
パッ
把你拿去用的道具還給我！
哆啦A夢！

※啪

你怎麼知道我在這裡？
只要猜你想拿剛寄來的道具做什麼，就知道你在哪兒了。

讀書心得必須寫出你自己的心情和想法才有意義。
拿別人寫的讀書心得去比賽，一點意義也沒有。
嗯……

最重要的是，你突然交出出木杉等級的讀書心得去比賽，大家一定會懷疑的。
說的也是，對不起……

再說，世修剛剛告訴我，這款道具是瑕疵品。
咦？真的嗎？

聽說按下
遙控器之後，
對方看起來像是
聽你的話，
實際上卻會做出
讓你困擾的事情。
什麼！

出木杉，
讓我看看你寫的
讀書心得。
呃，不行，
還沒寫完，
不能給你看！

啊！

※抽

「皮皮是全世界
最強壯的女孩。」
「因此我也喜歡上
力氣很大的女孩子。
最近總覺得胖妹
很可愛……」

5 章節

這是什麼
讀書心得啊！
出木杉
不可能寫出
這樣的讀書心得！

這款道具
果然是
瑕疵品，
要趕快
退貨才行。

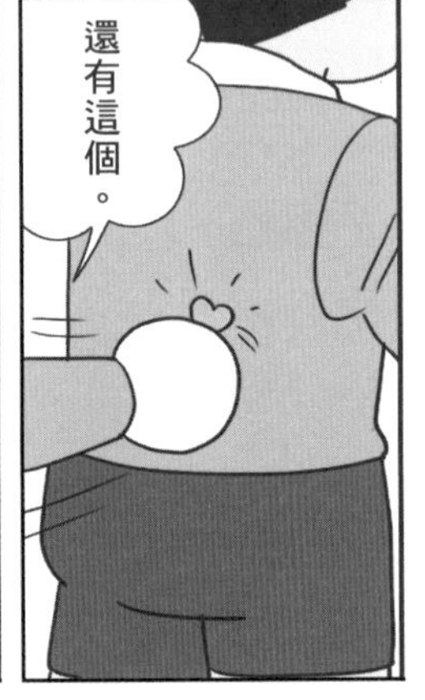
還有這個。

咦？
大雄、哆啦A夢，
你們怎麼在這裡？
沒事，
只是有事來
請教你而已。

大雄想向你請教，
怎麼做才能
像你一樣，
成為讀書心得
名人？
你太客氣了，
我才不是
讀書心得名人呢！

大雄上次寫的讀書心得就很棒啊！
我沒有什麼祕訣可以教你的……

即使如此，我還是希望可以寫得更好。

這就是老師稱讚你的真正原因。

我最近在當家教義工，教其他同學怎麼寫讀書心得……
請教教我，怎麼寫才能寫得好？
他們也說了和你一樣的話。

我教的學生寫的讀書心得，就跟書籍一樣精彩豐富。
我看到大雄寫的讀書心得時，也有同樣的感覺。

閱讀不同人寫的讀書心得，可以重新認識文字表現的動人之處。
出木杉有這樣的經驗，才能在比賽中拿到第一名。

出木杉真的好強哦！
沒有啦！

對了，我知道一個可以提升寫作技巧的訣竅。

有一個方程式可以讓你的讀書心得變得更精彩哦！
方程式！

沒錯，只要勤加練習，任何人都能立刻寫出動人文章。
快教我那個方程式！

好，讓我依照順序教你提升寫作技巧的方程式。

5 章節

寫出精彩讀書心得的無敵方程式

意見產生方程式

首先就從意見產生方程式說起。

意見	我的想法是……
理由	因為……原因是……
例1	以書中場景為例。
例2	以個人經驗為例。
假設	因應故事發展闡述個人想法。
結論	以「因此」做總結。寫出比「如果（假設）」更深入的意見。

當你有明確意見或是有想說的話，不妨運用這個方程式寫讀書心得。若要進一步突顯意見，請清楚闡述「理由」，也別忘了「提出證據」。

我覺得哆啦A夢就像是大雄的媽媽。

因為哆啦A夢總是鼓勵大雄、幫助大雄。

每次大雄哭著大喊「哆啦A夢」，哆啦A夢就會說「真是拿你沒辦法」，於是從百寶袋裡拿出祕密道具幫助大雄。

每當我寫作業不知道答案是什麼的時候，我的媽媽也會說「真是拿你沒辦法」，於是教我做功課，幫助我解決問題。

如果我的媽媽也有可以拿出祕密道具的百寶袋，她一定會……

追求主題方程式

接著請看追求主題方程式。

當你一下就明白「本書闡述的主題是○○」，不妨立刻採用追求主題方程式。這個方法可以深入挖掘主題背後的觀點。

此方程式的重點在於「斷定」，就算不曉得自己說的對不對，也要清楚闡述論點。

抱持自信，
寫出自己的意見。

我認為《默默》的作者想說的不是時間的長短，而是內心的時間。

內心的時間就是本書主題。因為時間老人帶默默去開滿美麗時間之花的地方時，默默曾問：

「我剛剛去的地方究竟是哪裡？」

時間之國的主人時間老人回答：

「那是你的內心。」

默默心中也開著美麗的時間之花，只要將時間存在時間銀行就可以生利息，讓時間越來越多……

以感想為中心方程式

如果你有許多感想想說，建議採用這項方程式。

緣由	**寫下接觸本書的經過。**
印象	**寫下打動內心的場景。**
舉例	**以自己類似的經驗為例。**
假設	**如果我是……**
原因	**登場人物為什麼做……？**
意見	**我的想法是……**

比起意見，更想以自己的感想為核心寫讀書心得的人，最適合採用此方程式。透過「舉例」、「假設」、「原因」等寫作技巧，讓讀

書心得的內容更加豐富。

《天生一對》是媽媽介紹我看的書。

我有一個雙胞胎妹妹，這本書描述的是雙胞胎姊妹的故事，讓我看得津津有味。

故事描述一對雙胞胎姊妹蘿特與露意絲從小分隔兩地，後來在兒童度假村參加夏令營時偶然相遇，這段情景讓我不禁感嘆這真是命中註定啊！蘿特與露意絲很快成為好朋友，也讓我覺得這就是雙胞胎的默契！

我和妹妹的個性截然不同，但每天形影不離，就像蘿特與露意絲。如果我和妹妹分隔兩地……

發現問題方程式

接著介紹的是聚焦事件與問題進行推理，導出結論的發現問題方程式。

選擇 選出書中發生的事情與問題。

發現 針對選擇的內容找出主題。

舉例 從書中找出相同主題的段落。

推理 寫出作者對於主題的意見。

意見 寫出自己對於主題的意見。

假裝自己是偵探，解讀書籍。

不過，一開始千萬不要忘記「選擇」問題。即使是名偵探，遇到太多問題還是會失敗。

我認為海藏是想挖井的。

海藏的朋友利助也同樣贊成挖井，但他不想出錢。

海藏在預定挖井的山茶花樹旁放了一個捐獻箱，但完全沒人捐錢。

大家都想要一口井，卻不想出錢，因此作者想告訴大家，人不可靠。

不過，海藏還是努力挖了井。我認為正因為他決定不依靠別人，最後才能達成目標。想完成自己想做的事，必須……

堅持自我方程式

想拿書中內容與自己經驗相較的人，建議選擇堅持自我方程式。

舉例	**寫自己的事。**
比較	**將書的內容與自己的經驗相較，互相融合。**
討論	**以比較為基礎，闡述作者的想法和主題。**
意見	**寫出對於主題的意見。**

這個方法可以拉近閱讀的書與自己之間的距離，據此撰寫讀書心得。寫作時從頭到尾都以「自己」為主軸。

簡單來說，就是以「我是」、「如果是我」、「對我來說」等句型寫讀書心得。

閱讀過程中，
不妨隨時與自己的
經驗相比。

我家有養狗、貓和兔子，全部都是領養來的動物。

杜立德醫生很喜歡動物，養了許多動物。因此，我與杜立德醫生有相似之處。

我們不一樣的地方在於，杜立德醫生能與動物對話。我雖然偶爾也能體會狗狗布伊隆和貓咪歐森的心情，但不是每次都能理解牠們的想法。

話說回來，這個世界上應該沒有人聽得懂動物在說什麼，為什麼杜立德醫生聽得懂呢？這是我覺得這本書最有意思的地方。

能寫出這個故事的人也是……

反對意見方程式

當你想表達與書籍相反的意見，建議採用這個方程式。

發現	**找出有疑慮之處。**
理由	**描述自己發現疑慮的過程。**
假設	**以「如果」開頭的段落。**
證明	**以「你看吧！」開頭的段落，驗證問題點確實存在。**
反對意見	**闡述「自己想法」的段落。**
意見	**統合意見。**

從自己感到懷疑的點切入吧。

不過，如果無法清楚寫出自己的意見，會讓讀書心得變成抱怨文，一定要小心。

想表達自己意見的人
最適合使用這個方程式。

要是我
再不跳出來，
電影的票房
一定會下降。

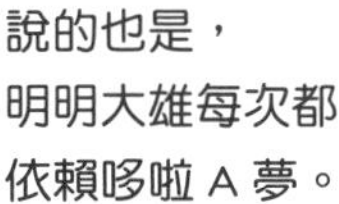

說的也是，
明明大雄每次都
依賴哆啦Ａ夢。

為什麼每次推出
電影版，大雄
就變得很厲害？

這我
無法接受！

只有電影版
才這樣，大家
不要太計較啦！

創造出自己專屬的方程式

前方介紹的方程式都是先篩選出寫讀書心得的重點，再加以重組。因此只要按照方程式的順序撰寫，每個人都能寫出讀書心得。不過，如果你想成為讀書心得名人，不妨趁這個機會創造出自己專屬的方程式。

重點在於……

1 向讀者清楚傳達自己的意見

2 讀書心得三大支柱缺一不可

3 說服讀者

只要掌握這三大重點，無論讀哪本書、無論主題是什麼、無論想表達什麼內容，都能創造出各種不同的方程式。

以成為讀書心得名人為目標！

特別課程
名人私藏技巧與思考靈感

大雄，你這次的讀書心得也寫得很好。
一次比一次進步，真的很棒！
謝謝老師！
4 社会
5 理科
6 国語

這次多虧出木杉給我許多建議，謝謝你。
這是大雄的實力。
大雄，你現在已經變成讀書心得名人了！

哼！不過是被老師稱讚，有什麼好得意的？
想當名人還差得遠呢！
沒錯，得第一名才是名人。

好的讀書心得是寫了許多個人的意見。
對於這個故事我心裡的感想是要注意到錯誤的
大雄的讀書心得根本沒有個人意見。
對我來說，可以試著換一個方式非常巨大的人類在不斷的追趕著

沒辦法寫出個人意見是不可能成為讀書心得名人的，
也就是說，你不可能贏得第一名。

哈哈哈
哈哈哈
別想了，現在這樣就是大雄的極限。

不要在意，就像老師說的，「一次比一次進步」，
對現在的你來說，這才是最重要的事情。

對，我要越寫越好。
大雄，加油！

※明治時代：西元 1868~1912 年。

到了，就是這裡。

哦，那就是我們要見的明治文豪！

啊！那位是……
夏目漱石先生！

就連我也知道他！
國語課本裡有他的文章，我還有他寫的書呢！

你們是誰？

特別課程

我明白了，你想成為讀書心得名人啊……
是的，所以我想請漱石老師教我提升寫作技巧的祕訣。

積極向學的態度真是令人敬佩！
好，我來教你提升讀書心得寫作力的技巧！
太好了！

「聲音輸入寫字器和麥克風」。
只要對著麥克風說話，就能自動打字。
用這個作筆記吧！

第一步先找出書籍的共通點。
共通點？

對，書一定有共通點。
共通點一，人只能以人為主題。

即使主角是貓，作者也會以人該怎麼自處才好為主題。
喵～
主題

共通點二，一定要談論生存之道。

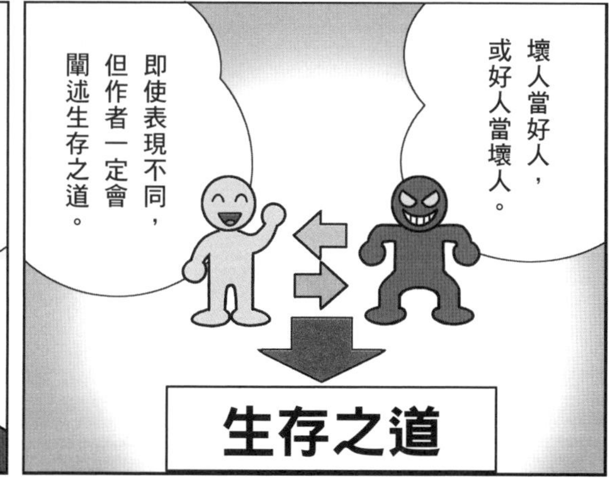
壞人當好人，或好人當壞人。
即使表現不同，但作者一定會闡述生存之道。
生存之道

共通點三，人類創作的故事，一定隱含著目的和願望。

我現在正在寫以貓為主角的小說。
我想在這部作品中，透過貓的視角，告訴全世界的人們，時下人類的奇異樣貌。

一定是那本知名小說。
是啊，我有的就是那本小說。

共通點四，人類為了生存必須思考的事情，就是最好的主題。

例如人心、應該守護的事物、
必須奮力對抗的挑戰等。
藉由各種事件，闡述這些主題。

我還是第一次聽說呢！

共通點五，書中一定有作者想要表達的意見。

無論是寫書或讀書心得，故事的作者與大雄都擁有自己的意見，就是這個道理。
原來如此。

我還記得後來發表的《心》，漱石先生也針對不顧他人、任性妄為的高等遊民們，說出自己的意見。
這樣啊！
心
夏目漱石著

特別課程

總而言之，只要
了解我剛剛說的話
就很簡單。

閱讀過後，
如何解讀書中
內容就看你了。
你的解讀會成為
你的意見。
做到這一點，
你想寫多少篇
名人級讀書心得
都沒問題。

想表達自己的意見與
不想表達自己的意見，
這兩種寫作態度會讓
寫出來的讀書心得
截然不同，
你一定要謹記在心。
我知道了！

既然如此，
容我為你
進行特訓，
幫助你成為
更出色的
讀書心得名人吧！
拜託你了！

寫作材料越多越好

我還是有些擔心大雄，現在立刻傳授個人私藏的寫作技巧！

首先要說的是撰寫讀書心得的材料。當你能舉出越多例子，讓讀者知道原來有這麼多範例，說服力就越高。簡單來說，寫作材料越多，越能寫出具有說服力，以及掌握人心的讀書心得。此外，收集的材料也能成為自己「思考」的靈感來源，可謂一舉兩得。

請先準備三個寫作材料，如此一來，至少可以寫三件事。接著再準備三個說服材料與三個思考靈感。如果可以，寫作材料越多越好。無論是自己的經驗、別人說的話、漫畫、電視節目、電影、書籍、雜誌、社會案件等，所有事物都能成為寫作材料。至於要如何烹煮這些材料，做出精緻美食，就要看你這位大廚的手藝了。

話說回來，如果材料過多，容易陷入混亂，不知從何下筆，請根據手裡的資料撰寫即可。

不妨改寫故事

利用假設說故事也是很好用的技巧之一，就像玩遊戲一般寫文章，更添樂趣。

「如果小紅帽沒遇見大野狼……」

「如果我是紅髮安妮……」

「如果《法蘭德之犬》主角龍龍的畫作在比賽中獲獎……」

「如果我家有哆啦A夢……」

寫到一半改主題也可以

在寫讀書心得的過程中，有時候會改變自己的想法。

例如原本想寫○○，但後來才發現實際想寫的是■■。遇到這種時候請當機立斷，立刻改寫內文。文章是表達你個人「想法」的方式，若一直堅持最初的想法，便無法完成讀書心得。

在這種情況下可以從頭寫起，也能直接切換撰寫方向，例如「之前我都在探討○○，但其實真正該思考的是■■。原因很簡單……」以這種方式坦然寫出自己的想法即可。

從讀書心得的讀者角度來看，你的想法在中途改變，讀起來反而更有意思。

站在作者的立場閱讀

這個技巧聽起來簡單，實行起來相當困難。不過，只要站在作者的立場閱讀，有時就能看到以讀者身分看書絕對看不見的重點。

各位不妨
多多嘗試！

小女孩點了一根又一根的火柴，一點燃很快就滅了。沒多久，火柴就全部點完了。《賣火柴的小女孩》故事裡，火柴的火代表著什麼意義呢？

《種樹的男人》的主角艾爾哲阿·布非耶為什麼一直在荒地種樹，持續了好幾十年？他種的樹枯萎了也不氣餒，依舊繼續種新樹。最後，原本的荒地變成水源豐沛、充滿綠意的土地。作者在整篇故事裡都沒有說明布非耶為什麼這麼做，作者本身也沒有種樹，他到底想透過這篇故事宣揚什麼想法？

以接近作者的立場閱讀書籍，就能產生新的感想，讓你發現真正的主題，或反思如果是自己會採取什麼做法。各位不妨想像作者的心情，好好思考。

察言觀色

「這個場面或這段情景究竟代表什麼意思呢？」各位不妨這麼想想看。你注意到的場景背後代表了什麼意義，這或許比台詞與事件本身更加重要。

《銀河鐵道之夜》的原野、銀河與銀色的霧；《夜鷹之星》的天空與持續燃燒的夜鷹。

只注意發生的事件和故事劇情有些可惜，不妨考量書中呈現出來的場景，從中解讀作者的「意圖」。

盡情批評

聽到「批評」兩字，許多人可能會覺得這是一種否定對方的行為，但我認為這個想法並不正確。批評不是抱怨，批評是「好事」。真正的批評是認同對方、尊重對方並說出自己的意見，其實這是最具有建設性的做法。

簡單來說，批評也是讀書心得的重要元素。如果沒有批評的精神，讀者反而會被書給淹沒。閱讀絕對不能「囫圇吞棗」。

與書保持一點距離，冷靜的去解讀作者的意見，以「我的看法是……」、「這一段還算可以，但這一段我的看法不同」等方式盡情批評。

既然都說與書保持
距離很重要，
那就來睡個午覺吧！

才不是那個
意思呢！

書的內容「可以自由置換」

書是由作者寫的。換句話說，包括場景、主角等書本裡所有的世界都是作者「擺設出來」、內容可以「自由置換」。

閱讀的時候不妨思考「這裡可以用什麼概念置換」、「作者想透過這一段說什麼」，利用這個方式看清楚作者的意圖。

以芥川龍之介的《蜘蛛之絲》為例。可用現在的世界置換書中的地獄場景，如此一來，我們也能思考「蜘蛛絲究竟代表什麼意思」。

現在就將自己身邊的事物置入書中的世界，接下來以大家耳熟能詳的《桃太郎》為例，一起思考吧！

「順著河水往下流的桃子，對老夫妻而言，代表什麼意思呢？」

「桃子的真面目究竟是什麼？」

「成為桃太郎夥伴的狗、猴子和雉雞，若換成人類，他們會以什麼樣的角色登場？」

「如果是現代，拿到糯米糰子應該不會太開心，還是拿錢比較實在。」

「桃太郎擊敗惡鬼是想得到什麼嗎？」

「現實世界沒有惡鬼，故事裡的惡鬼代表什麼？」

各位覺得如何？是不是覺得自己應該也可以寫出有趣的讀書心得了呢？

我想吃
糯米糰子！

讀書心得力就是意見力！

本書即將進入尾聲。

最後我想特別跟各位說一件事。

那就是許多人在本書中給各位的建議。

本書介紹了許多實用祕訣，好像任何人都能「立刻執行」、「輕鬆學會」、「可以迅速的寫出讀書心得」。如果這是真的，相信各位明天就能寫出讀書心得了。

不過，各位一定要記住這一點。

真正的讀書心得力不是運用祕訣克服當時困境的能力，就像我們寫讀書心得也不是為了交代功課。

我已經強調過許多次，讀書心得是意見。總而言之，讀書心得力就是意見力。各位請務必以自己觀點，自主思考，如實表現出自己的心情與意見。不僅如此，看書時請務必深度閱讀、深入思考。

等到你覺得閱讀、寫讀書心得是一件開心的事情之後，希望你能夠挑戰認真的寫一篇讀書心得，相信你絕對能感受到截然不同的樂趣。

以上就是我的寫作祕訣，全都傳授給你了！
希望你能成讀書心得名人！
好，謝謝你，漱石老師。

我才要謝謝你們呢！
和你們說話的期間，我想到以貓為小說主角的靈感。
太好了！沒想到我們也能為漱石老師盡一分心力！

漱石老師讓我們明白讀書心得最重要的就是擁有自己的意見。
是啊，這一次我一定能寫出更精彩的讀書心得。

特別課程

我們回來了！
趁著還沒忘記，要趕快整理筆記才行。

※啪搭

什麼！竟然這麼厚一本啊！
是啊，它記錄了我們所有的對話內容。
バサッ

對了，趕快拿出「記憶吐司」。
對耶，我都忘了還有這一招。

※按壓

如此一來，我們就能輕鬆記住漱石老師說的話了。
要是寫不出讀書心得，就吃下這些記憶吐司吧。
ギュッ
ギュッ

你在找什麼？
我記得
漱石老師的書
在這一帶
……

有了，
找到了！
我是貓
夏目漱石
就是這本
《我是貓》。

下一篇
讀書心得
當然要寫
這本！
對，
一定要寫！

「我是貓，
還沒有名字。」
這個開頭
很有名。

「有一天，
一隻全身藍色、
會說人話的奇怪生物
突然出現在人類眼前。」
咦？
有這一段嗎？

「他的名字
叫哆啦A夢，
他說自己是貓
……」
糟了！

我們竟然改變了
經典小說的歷史！
這下糟了，
得改回來才行！

在恢復原狀之前，
我想讀這本
改編版
《我是貓》。

於是，
大雄順利的
在下一次的
讀書心得作文比賽
榮獲第一名。
讀書心得的題目是
「讀了《我是貓，
那傢伙不是！》之後
嚇了一跳的心得感想」，
這個題目真是
令人在意啊！

卷末特別附錄

讀書心得「虎之卷」

Q 不知道該選哪本書來寫！我該怎麼做？

A 只要選擇自己喜歡的書，或之前讀過的書即可。

沒必要特地找一本沒看過的書來看，選擇之前讀過的或自己喜歡的書都可以。

在技巧還不純熟之前，可以寫一些大家耳熟能詳的短篇故事，例如《龜兔賽跑》、《浦島太郎》等。以前的民間故事隱藏著許多主題，值得各位細細閱讀。

對了，小時候讀過的書，現在讀來別有一番樂趣，還能從不同角度解讀，各位不妨試試。

- 請家人與同學推薦好看的書。
- 之前寫過的書，現在不妨再試著寫一遍。

Q　明明書本身很有趣，卻找不到可以寫的地方！

A　將最有趣的三個重點寫在筆記本上。

首先，整理這本書哪些地方最有趣。先將最有趣的三個重點寫在筆記本上，就能一目了然。接著思考這些地方有趣的原因。

不妨多加活用第一一一到一一四頁介紹的技巧，尋找書中主題。

重點在這裡

- 如果還是找不到可以寫的地方，請務必從「寫讀書心得」的角度再讀一次。
- 不要想太多，寫就對了！

Q **覺得自己讀的書不好看，**

遇到這種時候該怎麼辦？

A 
就從「這本書不好看」寫起。

一開頭就寫「這本書不好看」，接著寫「不好看」的理由。然後從假設的角度改寫故事，例如「如果某某某沒有做什麼事的話……」最後再澈底批評書中內容。也可以寫「作者的言論很奇怪」、「我看不懂作者為什麼要寫這本書」，不過，批評的時候一定要寫原因。

等到各位覺得「不好看的書可以盡情批評，較容易寫讀書心得」，各位就是讀書心得名人了。

重點在這裡

- 批評和抱怨不同。「如果這麼做會更好……」、「如果是我，我的想法是……」像這樣，批評的時候請務必寫出自己的意見。

Q 我不知道文章開頭該怎麼寫，怎麼辦？

A 不妨寫信給作者和登場人物。

請參考第一〇四至一一〇頁介紹的技巧，撰寫文章開頭。所有技巧中，我最推薦「寫信」之術。

「法布爾老師，您好。」不妨就以這個句子開頭吧！寫信的對象不是主角也沒關係，只要對象是你喜歡的人、物品或動物，你一定有許多話可以寫。

寫信給你想傳達想法的人，從這個角度寫讀書心得另有一番趣味。

寫信給你想傳達想法的人

北海道的奶奶，您好嗎？
我前一陣子讀了《野球少年》
這本書。
說到這個，我第一次去北海道
……

Q 我的想法很亂，怎麼做才能統合？

A 想想之前傳授過的架構理論！

策略一 不要太貪心，鎖定特定範圍寫感想。

策略二 將感想寫在卡片上，排列在一起。

策略三 以「原・例・如・因」策略串聯文章。

策略四 最後以「前面寫了這麼多，但是對我來說，這本書……」的方式作結論。

策略五 善用第七十八、七十九頁介紹的架構理論，結合文章段落。

重點在這裡

- 「原因在於」、「舉例來說」、「如果」、「因此」等用詞最適合連接前後文。不要忘了「原・例・如・因」策略哦！

Q 不知道怎麼寫概要，是否有實用的摘要祕訣？

A 掌握「何時」、「何地」、「誰與誰」、「做什麼」、「怎麼做」、「結果如何」等六大內容。

這六大內容是概要的重點，再細分以下三點思考，更容易一目了然。

1 這是什麼樣的書？
2 書籍主題是什麼？
3 你有什麼想法？

如此一來就能統整故事概要。

將六大重點寫在紙上更容易統合。

以這個方式統整概要

①有一天
②天空中
③北風和太陽
④互相比較
⑤誰有力
⑥結果太陽贏了

Q 我不會建構文章！該怎麼做才好？

A 請回想「三大支柱」內容，以此建構文章。

請回想第六〇頁介紹的讀書心得三大支柱。讀書心得三大支柱是：

1 這是什麼樣的書？
2 書籍主題是什麼？
3 你有什麼想法？

將這三點寫在便條紙上，排列在一起，這是最簡單的建構方式。

以這個方式做筆記

什麼樣的書？
敘述主角成年之後，與過去曾經打架的高中同學修補關係，成為好友的故事。

有什麼想法？
我覺得大家都太自私了，但結局應該算是皆大歡喜吧？

主題是什麼？
重逢的故事
尋找自我的故事

Q 寫到一半就寫不下去，該怎麼辦才好？

A 利用「原・例・如・因」串聯文章。

想不出接下來要寫什麼的時候，從「原・例・如・因」策略擇一使用，你就知道該寫什麼了。

「原因」要寫的是理由，「例如」是要舉出具體範例，利用「如果」建立假設，再用「因此」做結論。是不是很簡單啊？

第八十六、八十七頁介紹的「感想關鍵字」和「展開劇情關鍵字」也很實用，不妨嘗試看看。

請回想

感想關鍵字
嚴厲、痛苦、沉重、苦惱……

展開劇情關鍵字
主角是、這位作者是、換作是我、或者……

Q 我寫到一半改變想法，該怎麼做才好？

A 直接寫「我改變想法」即可。

你可以這麼寫：「我之前表達的意見是……但我剛剛才發現自己真正的想法是……」只要直接寫出自己的想法即可，無須刻意重寫。

先將之前的想法寫完，接著再寫「不，事實上應該不是這樣的」，以這個方法否決先前的意見。

覺得不知所措時，下定決心轉換方向即可。

Q 整篇文章都是「我認為……」，有其他的寫法嗎？

A 表達感想與意見的方式有很多，不同的內容可以使用不同方式表現。

表達感想與意見的方式有很多，請根據自己想寫的內容，以不同方式表現。

各種「感想」與「意見」的說法

我認為……　我覺得……　我發現……

我想……　應該……　可能……

或許……　我猜測……

可說是……　應該是……不是嗎？

絕對是……　如果是〇〇，一定是△△吧！

也可以詳細描述自己的想法，例如「嚇了一跳」、「當場僵住」等。

重點在這裡

利用第八十七頁介紹的展開劇情關鍵字鋪陳上文，下文就能輕鬆使用不同方式表現。

展開劇情關鍵字

主角是、這位作者是、換作是我、這是因為……

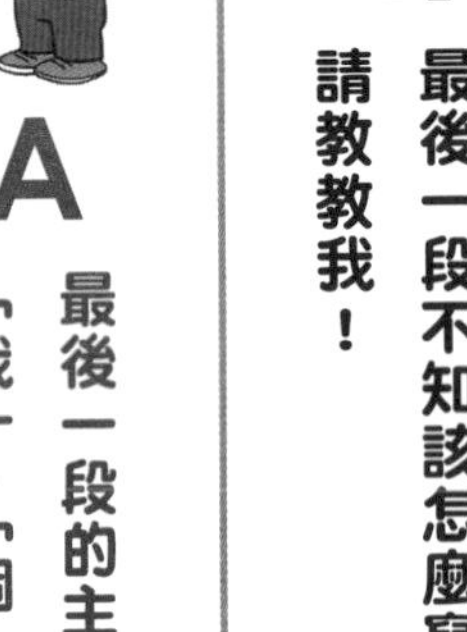

Q 最後一段不知該怎麼寫……請教教我！

A 最後一段的主詞請使用「我」、「個人」、「這本書」、「人」。

當你不知道最後一段該怎麼寫，請先以「我」、「個人」、「這本書」、「人」開頭，再想接下來要寫什麼。

「這本書讓我永遠難忘。」
「人都渴望善良。」

如何？其實並不難，對吧？

還有許多總結文章的技巧

表現出衝勁十足的模樣

我想讀更多與《金銀島》一樣令人熱血沸騰的冒險故事。

向書中人物喊話

霍頓，我十分了解你的心情，但我會靠自己的力量努力改變一切。

以「由於這個緣故」總結文章

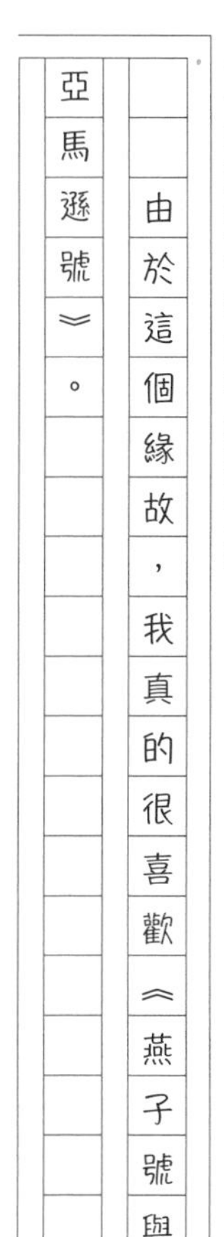
由於這個緣故，我真的很喜歡《燕子號與亞馬遜號》。

藉由引用總結文章

「咚！咚咚、咚咚嗚咚、咚咚嗚咚、咚咚嗚……」

直到現在，我還是能聽見風之又三郎的歌聲。

Q 無法決定讀書心得的標題，該怎麼做才好？

A 先跳過標題，寫完內文再決定。

有一種方法是先決定標題，再配合標題寫內文。但如果真的想不出標題也不要勉強，之後再寫即可。先寫完讀書心得，看一遍內文再決定標題，一定能找到最適合的詞句。

既然要下工夫，就不要用「讀了某某書」這類常見的標題，不妨想一個充滿吸引力，讓人想深入閱讀的好標題。

重點在這裡

- 將令人感動的事情或主題當成標題。
- 將印象深刻的詞彙或台詞當成標題。
- 將「為何……」、「為什麼……」等疑問句當成標題也很有趣。

你也可以試試看！

讀了《桃太郎》

桃太郎為什麼從桃子裡蹦出來？

桃太郎為什麼要去鬼島擊敗惡鬼？

思考桃太郎的生存之道

在老爺爺和老奶奶的心中，桃太郎是什麼樣的存在？

20 年後的桃太郎

讀了《小王子》

我想見小王子！

小王子的憂鬱

書中出現了大人們看不見的蟒蛇吞象，我想請教作者聖・修伯里蟒蛇的祕密！

想一個引人入勝的標題，
讓人想一口氣看完！

讀了《安妮日記》

安妮不怕戰爭嗎？

納粹德國是什麼？

安妮為什麼想寫日記？

如果我是安妮……

Q 我想寫出獨樹一格的讀書心得，請教我寫作祕訣！

A 刪除多餘贅字，讓文章更簡練。

如何寫出獨樹一格的讀書心得……嗯，最簡單的方法就是刪除多餘的贅字，這可以讓整篇文章顯得簡練、感覺成熟。

接著請反覆閱讀並修正自己寫的讀書心得，最後一定能提升自己的作文等級。此外，太長的段落請分成幾個小段落，讀起來更加俐落。

請再三確認
文章是否過於冗長，
用字是否太過累贅。

我看完了《苦兒流浪記》。眼
淚不停的流，完全停不下來。

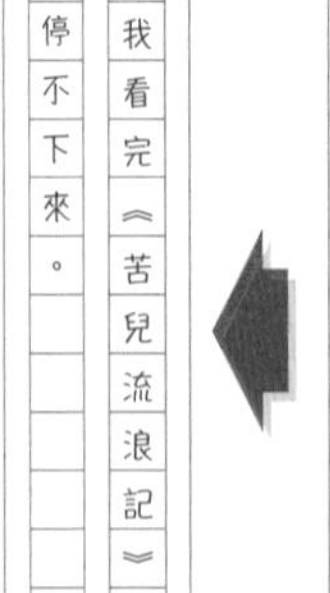

我看完《苦兒流浪記》，眼淚
完全停不下來。

Q 讀書心得是否有寫作規則？總覺得自己寫不好。

A 只要避免五大禁忌即可。

撰寫讀書心得時一定要避免以下五大禁忌：

1. **沒讀書就寫讀書心得**
2. **只寫概要**
3. **謄寫書中內容，敷衍了事**
4. **沒寫自己的想法**
5. **沒寫到最後**

只要不做以上五件事，你想寫什麼都可以。請盡情寫出你的想法和感受。

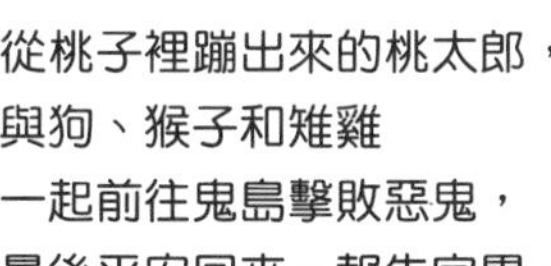

Q 請告訴我稿紙的正確用法。

A 請先記住八個基本原則。

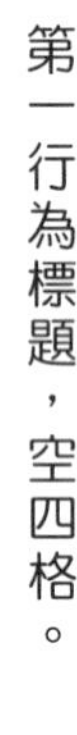

①第一行為標題，空四格。

②第二行寫班別、座號和自己的名字。

③名字與文章之間可以空一行，感覺比較好。

④每一段開頭空兩格。

⑤逗號與句號占一格。

⑥可以加一兩個字，盡量不要讓標點符號單獨占一行。

⑦換段落時一定要空兩格。

⑧對話如果換行寫，一樣要空兩格。

什麼？你還沒買稿紙嗎？
哪裡有賣稿紙啊？

對話換行寫要空兩格。

標題太長時，請寫成兩行。

Q 怎麼做才能重新檢視自己寫好的讀書心得？

A 利用讀書心得確認清單進行「修潤」！

重讀自己寫好的文章，精練修潤文字，改出更好的文章，這個過程稱為「修潤」。

經過修潤的文章不只瞬間升級，還能發現自己寫錯的地方，各位務必要不厭其煩的好好修潤。

下一頁的讀書心得確認清單統整了修潤重點，方便各位檢視，不妨多加參考。

重點在這裡

- 站在讀者的角度重新閱讀。
- 寫好後隔一段時間再看，效果會更好。
- 「因為……所以……」這類句子容易使文章顯得冗長，建議刪除贅字，加以精簡。

讀書心得確認清單

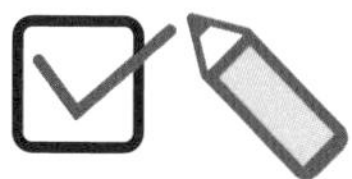

□稿紙的用法是否正確？

□逗號與句號的用法是否正確？

□是否有錯漏字？

□文體是否一致？（文言文或白話文等文體不要混用）

□閱讀內文，是否有感覺奇怪或不連貫的地方？

□文章是否冗長？（確認是否有「因為……所以……」這類句子）

□標題與內容是否契合？

□書名、人名、場所、數字等是否有誤？

□是否確實寫出自己的意見與感想？

□是否清楚傳達自己想說的話（感想、意見）？

□是否有說明不足之處？

□有些地方是否可以換個說法或句子，讓文章更簡練？

□有些地方是否可以刪除，讓文章更簡練？

□開頭與結尾是否經過仔細思考與編排？

哆啦A夢學習大進擊②

讀書心得生成器

■角色原作／藤子・F・不二雄
■原書名／ドラえもんの国語おもしろ攻略——読書感想文が書ける
■漫畫審訂／ Fujiko Pro
■日文版內容審訂／宮川俊彥（日本國語作文教育研究所）
■日文版封面設計／橫山和忠
■漫畫、插圖／ Saito Haruo
■日文版頁面設計、排版／東光美術印刷
■漫畫著色、排版／昭和 Bright、Tapphouse
■日文版撰文協作／石川遍
■日文版編輯協作／和西智哉（Caribiner）、永須徹也
■日文版編輯／四井寧（小學館）
■翻譯／游韻馨

發行人／王榮文
出版發行／遠流出版事業股份有限公司
地址：104005 台北市中山北路一段 11 號 13 樓
電話：(02)2571-0297　傳真：(02)2571-0197　郵撥：0189456-1
著作權顧問／蕭雄淋律師

2023 年 11 月 1 日 初版一刷
定價／新台幣 350 元（缺頁或破損的書，請寄回更換）

ISBN 978-626-361-270-9
YLib 遠流博識網 http://www.ylib.com　E-mail:ylib@ylib.com

國家圖書館出版品預行編目資料 (CIP)

讀書心得生成器 / 藤子・F・不二雄漫畫角色原作；日本小學館編輯撰文；游韻馨翻譯．-- 初版．-- 臺北市：遠流出版事業有限公司，2023.11
面；　公分．--（哆啦 A 夢學習大進擊；2）
譯自：ドラえもんの国語おもしろ攻略：読書感想文が書ける
ISBN 978-626-361-270-9（平裝）

1.CST: 作文　2.CST: 寫作法　3.CST: 閱讀

523.313　　112015092

◎日本小學館正式授權台灣中文版
● 發行所／台灣小學館股份有限公司
● 總經理／齋藤滿
● 產品經理／黃馨瑝
● 責任編輯／李宗幸
● 美術編輯／蘇彩金

DORAEMON NO GAKUSHU SERIES
DORAEMON NO KOKUGO OMOSHIRO KORYAKU—DOKUSHOKANSOBUN GA KAKERU
by FUJIKO F FUJIO

※ 本書為 2013 年日本小學館出版的《読書感想文が書ける》台灣中文版，在台灣經重新審閱、編輯後發行，因此少部分內容與日文版不同，特此聲明。